Jean Cocteau

WERKAUSGABE IN ZWÖLF BÄNDEN

Herausgegeben von Reinhard Schmidt

Band 12

KRITISCHE POESIE IV

FISCHER TASCHENBUCH VERLAG

Jean Cocteau

DIE FARBEN DER ERINNERUNG

Aus dem Französischen übersetzt
von Reinhard Schmidt

DER LEBENSWEG EINES DICHTERS

Aus dem Französischen übersetzt
von Friedhelm Kemp

FISCHER TASCHENBUCH VERLAG

Veröffentlicht im Fischer Taschenbuch Verlag GmbH,
Frankfurt am Main, April 1988

Umschlaggestaltung: Manfred Walch
Herstellung: Alexander Gutfreund
Satz: Fotosatz Otto Gutfreund, Darmstadt
Druck und Bindung: Clausen & Bosse, Leck
Printed in Germany
ISBN 3-596-29212-3

Über dieses Buch Aus unterschiedlichen Perspektiven beleuchten die beiden Texte dieses Bandes das Leben und das Werk Jean Cocteaus.
Die Farben der Erinnerung bieten eine Auswahl aus *Portraits-Souvenir*, vielleicht einer der schönsten Prosaarbeiten Cocteaus. In diesen Artikeln, die zahlreiche Zeichnungen begleiten, wirft der Autor einen poetischen Blick auf die Zeit seiner Kindheit und Jugend und auf die Jahre seiner künstlerischen Anfänge. Der Geruch des Zirkus, die Faszination des Theaters, Begegnungen mit außergewöhnlichen Menschen – »im Großformat« entwickelt Cocteau die Bilder seiner Erinnerung, um gleichsam die Farbe, den Geschmack der Vergangenheit spürbar werden zu lassen.
In dem *Lebensweg eines Dichters* aus dem Jahr 1953 hält er eine knappe Rückschau und verdeutlicht seine Positionen; insbesondere kommt er hier auch auf sein graphisches und malerisches Werk zu sprechen.

Am Ende des Bandes findet sich eine umfassende Bibliographie der Werke Jean Cocteaus sowie eine Liste mit ausgewählter Sekundärliteratur.

JEAN COCTEAU
WERKAUSGABE IN ZWÖLF BÄNDEN

☆

DIE GROSSE KLUFT · DAS WEISSBUCH
Erzählende Prosa I

THOMAS DER SCHWINDLER
DAS PHANTOM VON MARSEILLE
Erzählende Prosa II

KINDER DER NACHT
Erzählende Prosa III

DIE HOCHZEIT AUF DEM EIFFELTURM
ORPHEUS · DIE HÖLLENMASCHINE
Theater I

DIE GELIEBTE STIMME · DER DOPPELADLER
Theater II

OPERA · CHORAL
Gedichte I

SPIEGELSCHRIFTEN
Gedichte II

DAS BLUT EINES DICHTERS
DIE SCHÖNE UND DAS TIER · ORPHEE
Filme

DAS BERUFSGEHEIMNIS
Kritische Poesie I

OPIUM
Kritische Poesie II

DIE SCHWIERIGKEIT, ZU SEIN
Kritische Poesie III

DIE FARBEN DER ERINNERUNG
DER LEBENSWEG EINES DICHTERS
Kritische Poesie IV

INHALT

mistinguett
danse la matchiche
Jean

DIE FARBEN DER ERINNERUNG

Aus dem Französischen übersetzt
von Reinhard Schmidt

*Ich bin eine Lüge, die stets
die Wahrheit spricht.*

(J. C., OPERA)

Für Marcel Khill

I

Der Unerwünschte – Dichter erhalten nur Liebesbriefe – Ohne gerade Linie – Figaro.

Memoiren zu schreiben scheint mir ein Ding der Unmöglichkeit. Zuerst einmal bringe ich schon die verschiedenen Zeitabschnitte durcheinander. Da kommt es vor, daß ich zehn Jahre überspringe und Personen vor einen Hintergrund stelle, der eigentlich anderswohin gehört. Eine wirre und schreckliche Nacht ist das Gedächtnis. Wollte ich mich in sie hineinwagen, so fürchte ich, würde mich dieselbe Strafe ereilen wie die Archäologen, die sich an den ägyptischen Grabmälern vergreifen. Die Gräber rächen sich. Es gibt einen Schlaf, der kein frevelndes Licht duldet und einen bösen Zauber um sich verbreitet. Nein, vernünftiger und nicht so unheilsschwanger wäre es zweifelsohne, wenn man sich an einem Wurfspiel wie auf dem Jahrmarkt versuchte, nur mit umgekehrten Regeln: Anstatt die Puppen der Hochzeitsgesellschaft niederzustrecken, gälte es, sie mit gezielten Würfen wieder auf die Beine zu stellen, so zu zielen, daß aus dem Schatten eine Figur auftaucht und mit ihr, rings um sie geheftet, bestimmte Orte, bestimmte Umstände, ganz wie die »Manager« in *Parade*, die Picasso in eine Ansicht von Paris oder New York kleidete.

Diese Art Kostümierung ist in den Buden der Jahrmarktsphotographen gebräuchlich. Eine ausladende, bemalte Halskrause, durch die der Besucher seinen Kopf steckt, entführt ihn aus seiner gewohnten Umgebung und befördert ihn hinter den Propeller eines Flugzeugs, versetzt ihn an das Steuer eines Rennwagens oder in einen Boxring. Die Porträtaufnahmen, die ich gerne feilhalten wollte, böten die Besonderheit, daß der Kunde wie von selbst das zu ihm passende, täuschend echt gemalte Dekor heraufbeschwörte und mich damit der Sorge enthöbe, ich könnte Jahreszahlen und Schauplätze verwechseln; solches Verwirrspiel macht zwar den Reiz jener amüsanten Jahrmarktsbilder aus, meinem Bemühen um Genauigkeit erwiese es indes einen schlechten Dienst.

Der Dichter ist der Mittler, das natürliche Medium unbekannter Kräfte, die ihn lenken. Sie machen sich sein reines Wesen zunutze, um sich über die Welt zu verbreiten und um gewisse Probleme, wenn nicht einer Lösung zuzuführen, so doch zumindest bis zu Ekel und Überdruß gegenwärtig zu halten; es sind dies Probleme, vor denen ein jeder, sobald er am Morgen erwacht, auf der Hut ist. Kaum hat man, nach dem grausigen Schmelztiegel des Traums, ein Auge aufgetan, versucht man einen bestimmten Bereich von Dingen zu vergessen, für die der Dichter Spezialist ist und die aus ihm das Musterbild des *Unerwünschten* machen. Und gehört nicht zu den schlimmsten Beschwerden, die man gegen ihn führt, der Vorwurf der Genauigkeit? Dichtung ist Genauigkeit. Seit Baudelaire hat das Publikum allmählich verstanden, daß die Dichtung eines der unverschämtesten Mittel ist, die Wahrheit zu sagen. Eine treffsicherere Waffe gibt es nicht, und aus einer instinktiven Abwehr heraus, aus Angst vor Genauigkeit und enthüllender Beleuchtung wappnet sich die breite Masse, indem sie Dichtung mit Lüge, geistige Wendigkeit mit Lust am Paradox verwechselt.

Wozu ist es denn nütze, eine Geschichte zu erzählen, die nicht in sich selbst das unnachahmliche Gewicht des Wahren trägt? Wozu sind denn erfundene Memoiren nütze, falsche Anekdoten, malerische Erinnerungsbilder, Sätze, die sich im Mund getäuscht haben? Die tote Last der Ungenauigkeit überträgt bleierne Müdigkeit. Wie anders aber verhält es sich, wenn der Strahl eines Scheinwerfers über die Nacht huscht, die sich hinter jedem von uns aufstaut, wenn er hier auf einem Gesicht verharrt, da auf einer Tat, auf einem Ort, die für uns voller Bedeutung sind, so daß er ein Höchstmaß an Ausdruckskraft und Vergegenwärtigung erreicht.

Porträtaufnahmen vom Andenkenphotographen. Ich möchte gerne eine Sammlung solcher Porträtaufnahmen anlegen, einfach, wie sie mir eben unterkommen, ohne einer geraden Linie zu folgen. Genauer gesagt, würde die Linie – mit anderen Worten: die zeitliche Abfolge – zwar im verformenden Element der Erinnerung gebrochen wirken, aber sie wäre es nur dem Anschein nach. Vielleicht gelange ich auf diese Weise zu einem lebendigeren, einem nicht so wichtigtuerischen Verfahren, im Leeren zu stöbern und zu schürfen.

Dichter besitzen nur intime Erinnerungen. Kein Sekretär kann an ihrer Stelle auf die sonderbaren Botschaften, auf die geschriebenen Schreie antworten, die durch die Bücher gewonnene unbekannte Freunde – und sie sind letztlich die einzige Entschuldigung fürs Schreiben – aus fernen Zimmern an sie richten. Lassen Sie mich anmerken, daß die Dichter ein wenig über dem Boden schwebend auf schnell dahinschmelzendem Schnee einhergehen, mit dem der Abdruck ihrer Schritte gleich wieder verschwindet. All das erleichtert nicht eben die Arbeit des Sich-Erinnerns, die Arbeit, Phantome in Materie überzuführen. Wer solch ein gefährliches Spiel betreibt, wer sich umwendet und nun die Vergangenheit in Flammen vor Augen sieht, der läuft Gefahr, in eine Salzsäule verwandelt zu werden, will sagen: in ein erstarrtes Tränenbildnis.

1934–1935. Ein Vorhang fällt, ein Vorhang hebt sich. Das Leben ist tot, es lebe das Leben! Ein Zeitalter ist untergegangen, das ich in vorderster Linie durchlebt habe, widerwillig und unter Einsatz all meiner Kräfte. Ein neues Zeitalter beginnt, meine Fühler kündigen es mir an; ich habe den Eindruck, es wird ihm an nobler Haltung nicht fehlen, seine Vorzeichen gefallen mir. Ich nütze eine Minute Pause zwischen den Akten, um aufzustehen, mich zu entspannen, mich umzuwenden und mein Opernglas in die Runde zu schwenken.

Ich habe viele einzigartige Orte und Gestalten kennengelernt, die ich dem Block der Vielzahl gegenüberstelle und die mein Inneres bevölkern, ohne daß sie an den Beschäftigungen aktiv Anteil hätten, die mein Leben leiten und meinen Weg abstecken. An diesen Sternen des Pariser Himmels, diesen heiligen Ungeheuern (handle es sich nun um Orte oder um Personen), hat mich vor allem eine Beobachtung nachhaltig beeindruckt: Die ihnen eigentümliche Wirkung, das, was sie von den anderen unterschied, was ihnen scharfe Umrisse verlieh und sie ins Rampenlicht rückte, entsprang weniger einem Bemühen, einzigartig zu erscheinen, als vielmehr einem Kampf gegen den Tod. Dieser pathetische Kampf ließ sie über sich hinauswachsen, schuf zwischen ihnen und bloßen Karikaturgebilden denselben Abstand, wie er einen Herrn, der mit einem japanischen Sonnenschirm in der Hand einhertrippelt, von einem Akrobaten trennt, der auf einem Hochseil die gleichen Schritte ausführt und den gleichen Schirm in die Höhe hält.

Kurz, in Erinnerung geblieben sind mir allein Typen und Gruppen, die der Wunsch zu überleben verzehrte, hinter deren verspielter Oberflächlichkeit sich ein Drama verbarg, deren Schwerelosigkeit ans Wunderbare grenzte und deren Silhouetten, wie sich Thomas Mann in seinem Meisterwerk *Der Zauberberg* ausdrückt, Silhouetten »im Großformat« waren.

Porträtaufnahmen im Großformat. Das ist eine journalistische Aufgabe, die mich reizt. Werde ich dazu imstande sein? Die Hauptsache ist, man legt nichts von vornherein fest, stückelt nicht häppchenweise ein Buch zusammen, sondern stürzt sich kopfüber in die Nacht.

Denn ich mißbillige die Vermengung der Gattungen: Ein Theaterstück hat ein Theaterstück zu sein, ein Film ein Film, ein Roman ein Roman, ein Artikel ein Artikel.

Als ich eines Tages Picasso einen Brief voller Beleidigungen vorlas, sagte er zu mir: »Das ist ein anonymer Brief.« Ich zeigte ihm, daß er eine Unterschrift trug. Da fügte er hinzu: »Das spielt keine Rolle. Der anonyme Brief ist eine eigene Gattung.« So habe ich auch ein gesprochenes Chanson geschrieben.* Das Chanson ist eine Gattung. Ob man es nun

* *Anna la bonne.*

singt oder rezitiert, es gehört weder in das Feld der Monologe noch zu den Gedichten; es bleibt ein Chanson. Ein Artikel ist eine Gattung. Er darf nichts anderem ähneln.

Einen Artikel für die Samstagsausgabe des *Figaro*, einen Artikel aus der Feder eines Dichters, der sich erinnert, stelle ich mir leichtfüßig und geschwind vor, mit frischer Tinte am Rand eines Redaktionstischs der Zeitung geschrieben, ohne nachträgliche Korrekturen und bar jeglicher Verbindung zu dem Ränkespiel der literarischen Szene; an der Oberfläche der Epoche und der Epochen dahintreibend, spräche aus ihm jenes Lachen, das stets das Vorrecht der ernsten Geister war und das Ihnen einen Menschen aufgerissen bis zum Herzen zeigt.

Und wie allein dem falschen Ernst das Lachen fremd ist, so verachten nur falsche große Epochen das leichte Wesen, den prickelnden Schaum, die äußerste Eleganz hochstehender und tragischer Zeitalter.

Soll ich's Ihnen gestehen? Die neue Epoche, das neue Zeitalter, das ich erahne, erfüllt mich mit großer Hoffnung und übt starken Reiz auf mich aus. Besäße ich Jugend und Reichtum, würde ich morgen in einer schicken Droschke die Place Vendôme überqueren, über die Concorde und die Champs-Elysées gelangte ich zum Sitz der Zeitung, dessen Stufen George Sand als junger Dandy mit einer Zigarre zwischen den Lippen erklomm, und ich würde mir Mühe geben, dem charmanten überdimensionalen Standbild von Amy Boisseau zu ähneln, diesem Barbier von Sevilla, der, eine bronzene Gitarre umgehängt, die Tür hütet. Er trägt ein bronzenes Haarnetz und bronzene Quasten und pflegt den bronzenen Bart seiner bronzenen Feder, die er mit der bronzenen Klinge eines Rasiermessers fein zuspitzt.

II

(...) Rossinis Haus – Sarasate.

....

Meine Großeltern wohnten in der Rue de la Chaussée d'Antin im vierten Stock, Tür an Tür mit Winterhalter. Im ersten Stock desselben Hauses hatten die Rossinis ihre Wohnung. Bei den Rossinis waren oft bedeutende Herren und schöne Damen zu Gast, und Madame Rossini, der, wie Madame Fenouillard bei den Sioux, der Tabakqualm zuwider war, schickte die Herren zum Rauchen in den vierten Stock hinauf. Meine Großmutter für ihren Teil nahm den Geruch kalten Rauchs aus Liebe zur Musik in Kauf. Madame Rossini war eine barsche und bösartige Frau. Reichte man ihr während des Abendessens bei den Rothschilds die Gänseleber, stieß sie sie zurück mit den Worten: »Vielen Dank! Eine Tierkrankheit esse ich nicht!« Mit ihrer Lorgnette zerbröselte sie auf der Tischdecke Brotkrusten für ihre kleine, zahnlose Hündin. Rossini machte auf meine Mutter einen furchterregenden Eindruck. Mein Großvater schubste sie morgens mit einem Korb voll Eier in dessen Schlafzimmer. Auf dem Klavier fiel ihr eine Reihe von Perücken ins Auge; sie waren dem Riesenei zugedacht, das zwischen den Kissen und Bettdecken hervortauchte. Unter diesen Perücken, die auf ihren Haltern thronten, war alles vertreten, von kurzem bis zu langem Haar. Der Meister trug sie eine nach der anderen, bis zum fiktiven Friseurbesuch.

Eine dieser Perücken, in ihrer ovalen, grünen Schachtel, wurde einer der Fetische meiner Kindheit, das Ziel verstohlener Nachforschungen im Badezimmer meines Großvaters, sobald mir die Klänge des Streichquartetts den Beweis erbrachten, daß er mich nicht plötzlich überraschen würde und ich in Muße herumstöbern konnte. Denn die Quartettmusik und der Glanz der Rossinis, die musikalische Atmosphäre jenes Hauses also, das ich niemals gekannt habe, lebte auch in der Rue La Bruyère, Nummer 45, fort, wo wir meine ganze Kindheit hindurch ein Haus für uns alleine bewohnten. Der Hof dieses zweistöckigen Hauses ging auf die Gaveau-Gärten hinaus (noch eine Verbindung zur Musik!). Die Wohnung meiner Großeltern lag im oberen Stockwerk. Um in ihr von einem Zimmer zum andern zu gelangen, mußte man langen Gängen folgen, steile Treppen auf- und absteigen; eine Laune des Architekten hatte es so gewollt. Die Wohnung war also wie geschaffen für das Umhertollen und die Traumgespinste der Kindheit. Ich habe sie mir so oft in meinen Träumen ausgemalt und ihr Bild immer komplizierter gestaltet, daß ich nun nicht mehr imstande bin, sie an ihren wahren Platz zurückzuversetzen. Sie hat das Haus verlassen, hat abgehoben, wurde abgetrieben wie ein Freiballon. An unsere eigene Wohnung, an unsere eigenen Zimmer erinnere ich mich noch, und dann auch in weiter, weiter Ferne, in einer anderen Welt, in einem unwirklichen und märchenhaften Bereich, an die Wohnung, in der mein Großvater eine silberne Badewanne stehen hatte, die wie ein Gong tönte und von Schuhen und Büchern überquoll; er sammelte griechische Büsten, Zeichnungen von Ingres, Gemälde von Delacroix, florentinische Medaillen, Handschriften von Ministern, Masken aus Antinoë, Vasen aus Zypern und Stradivari-Geigen.

Meine besondere Vorliebe galt den Vitrinen mit den Masken und den Geigen. Hinter dem Glas waren die antinoischen Masken mit ihren Emailaugen, ihren Terrakotta-Wangen und ihren Umhängebärten auf rotem Samt gestaffelt aufgereiht und boten gleichsam das Bild einer von Manet gemalten Loge. Die Geigen zierten den Billardraum. Wie eine feine Einlegearbeit wurden sie von den mit königsblauem Samt ausgeschlagenen Schmuckschränkchen aus Ebenholz umschlossen, in deren Schubladen sich das Kolophonium, die Saiten, die Quintsaiten und die Billardkreide befanden. Diese Schätze wurden nämlich durchaus benutzt. Selbst die heiligen Stradivari-Geigen, die mitschwingen, sobald, an welchem Ort auch immer, eine Stradivari ertönt (sic), verließen den blauen Samt an jenen Abenden, an denen sich das Quartett versammelte: Sarasate, Sivori, Grébert und Eugène Lecomte, der Gastgeber und Amateur unter ihnen. An diesen Kammermusikabenden machten wir uns ein Spiel daraus, mein Cousin, meine Cousine und ich, die Stufen der feierlichen Treppe entlangzukriechen, die die beiden Stockwerke miteinander verband. Da der verhexte Bauplan, wie ich bereits sagte, die obere Wohnung der normalen Sphäre entrückt hatte, wurde diese Treppe zu einem Ort für sich, der sich selbst genügte; ein Gitter, mit dem uns mein Großvater vor Stürzen bewahren wollte, bildete seine äußerste Grenze.

Das Spiel bestand nun darin, auf die Ankunft Sarasates zu lauern und uns hinter dem scharlachroten Plüschschirm einer hellebardenförmigen Lampe zu verstecken, die uns auch gute Dienste leistet, wenn wir »armer Gefangener« spielten; es galt jetzt den Augenblick abzupassen, da Sarasate vor dem Spiegel im Vorzimmer seine Frisur in Ordnung brachte, um schnell das Gitter zu schließen und so das Bild »Dompteur im Käfig« zu erhalten.

Mit seinem großen Schnurrbart, seiner grauen Mähne, seinem Rock mit Zierschnüren um die Knopflöcher, seinen Uhrketten, seinen Steghosen und seinen gelackten Stiefelchen kam er uns hinter den Gitterstäben wie ein als Dompteur verkleideter Löwe vor. So befriedigten wir in uns eine Gier nach der Kunst der Karikaturisten und nach Comic Strips, ehe es solche überhaupt gab.

Das wahre Schauspiel, der wahre Aufzug lebender Bilder wurde übrigens zur Ferienzeit in Maisons-Laffitte ge-

geben. Das Schloß von Maisons-Laffitte ist die Zierde eines weitläufigen Parks mit Linden, Rasenflächen, Blumenbeeten, Springbrunnen, weißen Schranken, Tennisplätzen, Rennpferden, Radfahrern und bürgerlichen Anwesen. Ich trat ordentlich in die Pedale, bis ich den Park durchquert hatte und an den Wald von Saint-Germain gelangte. Mit Aimé Simon-Girard pflegte ich dort heimlich einen widerlichen Schnupftabak zu rauchen; dafür hatten wir Kastanien mit einem Taschenmesser zu einem Pfeifenkopf ausgehöhlt, in den wir Holunderstengel steckten. Danach krochen wir auf allen vieren über die Wiese und kauten Gras, um nicht nach Tabak zu riechen.

Die Pferdetrainer führten ein Leben auf großem Fuß. Und Max Lebaudy, das *Zuckerdöschen*, wusch seine Kaleschen mit Champagner und organisierte Stierkämpfe. Man konnte erleben, wie Madame du Gast, die Präsidentin der Tierschutzgesellschaft, gerade wieder einmal von Ordnungshütern abgeführt wurde. Freiluftbelustigungen fanden statt: Man veranstaltete Sackhüpfen, und Damen führten schleifchengeschmückte Kaninchen an der Leine.

Sonntags stand mein Großvater im Samtjackett, den Strohhut ins Genick geschoben und mit einem kleinen Strauß Primeln in der Hand, schon bei Sonnenaufgang auf der Place Sully, deren Mitte eine Gaslaterne und ein Begonienbeet zierten, und spähte die Alleen entlang, die von der Pferderennbahn heraufmünden. Plötzlich tauchten dann unter einer unerbittlich brennenden Sonne die Virtuosen auf. Sie kamen in einem offenen Fiaker ohne Kutscher. So zieht, von den Toten gesteuert, die Kutsche des Fantômas ihres Weges. Die Kutsche der Virtuosen! Unsichtbar auf dem Bock mußte wohl Melpomene oder irgendeine allegorische Verkörperung eines Musikinstruments thronen.

Den rechten Fuß übers linke Knie gelegt, die Schultern an das Polster des Wagenfonds gelehnt, einen Zylinder auf dem Kopf, im Gehrock und mit Handschuhen aus rotem Leder führte Sarasate die Zügel und lenkte das Gespann von der Innenbank aus. Kaum waren sie bei uns eingetroffen, wurde das völlig erschöpfte Pferd ausgespannt, man brachte ihm eine Brühe aus Karotten und heißem Burgunder, und auch die Virtuosen begaben sich zu Tisch. Sivori war zwergwüchsig. Bei Tisch setzte ihn meine Großmutter auf einen Stapel Partituren. »Nicht auf Beethoven, Madame!« schrie er, »nicht auf Beethoven!« und spießte mit seinem Zahnstocher Erdbeeren auf. Mein Großvater schnitt das Stück Fleisch vor sich mit derselben sportlichen

Handbewegung, mit der er dann gleich seinen Geigenbogen führen würde. Ja, diese Kammermusik war keine Musik zum Zuhören, keine Musik, die Gefallen finden wollte; vielmehr ging es bei ihr darum, daß man sich ins Spiel vertiefte, ihre Takte auszählte und sie mit energischen Kopfbewegungen unterstrich. Ein Sport, eine Übung wie jede andere war sie, wie Fechten, Rudern und Boxen. Jeder kam dabei auf seine Kosten. Sie war ein Band zwischen alten Freunden, schob allen Streitigkeiten unter ihnen einen Riegel vor. Uns wiederum gestattete sie, ungestraft in verbotenen Räumen herumzustöbern, und obendrein lieferte sie uns manch einen Anlaß zu Lachkrämpfen und Scharaden.

Grébert war der Violoncellist. Jedesmal, wenn am anderen Ende des Zimmers meine Großmutter auf Zehenspitzen mit ihrem Strickzeug vorüberging, erhob er sich und grüßte, während er, ins Leere geneigt, weiterspielte.

Nach dem Quartett verkleideten sich unsere Virtuosen ganz zwanglos und begaben sich zu der Doktorin Gache-Sarrothe, der Erfinderin des modernen Korsetts und unserer Nachbarin an der Place Sully, um mit einem

Abendständchen aufzuwarten. Die Nacht brach herein. Über dem Garten leuchtete der Große Bär auf. Die Berieselungsanlage ließ die Sonnenblumen intensiver duften. Es wurde zu Abend gegessen. Die Kinder saßen in dem Speisezimmer der »bestraften Kleinen«, wie es bei uns hieß; mein Cousin Pierre weigerte sich, etwas zu sich zu nehmen, wenn ihm nicht auf Geschirr mit dem Zeichen Napoleons serviert wurde. Nach dem Essen stopften die Herren ihre

Meerschaumpfeifen, und Sarasate erzählte von seinen Triumphzügen durch Europa. An einer Kette stellte er einen kleinen, goldenen Sarg zur Schau, der eine winzige, originalgetreue Nachbildung einer Violine enthielt, ein Geschenk der spanischen Königin. Eines Abends fiel die originalgetreue winzige Violine in ein Bierglas. Mit einem Strohhalm versuchte man sie wieder herauszufischen. Inmitten allgemeiner Bestürzung raufte sich Sarasate die Haare und brüllte mit kräftig rollendem R: »Le violon de la reine! Die Geige von der Königin! Die Geige von der Königin!«

All diese Minuten sind nur insofern von Interesse, als sie den Blickwinkel beleuchten, unter dem die Kindheit, bruchstückweise, auf allen vieren, von der Treppe und hinter der Tür der Speisekammer hervor, die Erwachsenen beobachtet: Allein die poetische Intensität vermag vor ihrem Blick zu bestehen.

III

Meine Mutter kleidet sich für den Theaterbesuch an (...).

Das Theater! Die Abende, wenn es in die Comédie-Française, wenn es in die Oper ging!

Das spielte sich dann folgendermaßen ab. Ich wohnte der Toilette meiner Mutter bei. Eine Wolke von Parfüm und malvenblauem Reispuder erfüllte mit ihren Wohlgerüchen das Schlafzimmer, das Halbdunkel zwischen den mit bunten Motiven, mit exotischen Bäumen und Vögeln der Südsee verzierten Wandschirmen. Durch die offene Badezimmertür fiel der Schein grellen Gaslichts auf den Spiegelschrank, der das Geschehen schöner und tiefgründiger wiedergab. In diesem Spiegel verfolgte ich die Vorbereitungen. Von meinem Sitzplatz zwischen der Kommode und dem Kamin aus wirkte meine Mutter schlank, monumental und perspektivisch verkürzt; es schien, als wäre es das lange steife Kleid aus rotem Samt und mit schwarz funkelndem Saum, das sie aufrecht hielte. Es kam von Raudnitz und hatte Puffärmel; hinter Rüschen aus dem gleichen roten Samt, die sich auf einem sehr schlichten Mieder kräuselten, strahlten in bleichem Weiß Arme, Schultern und Brustansatz hervor. Das Kleid bot also einen vorzüglichen Hintergrund für die klassische Szene an der Brüstung der Logen, wenn ein Fächer aus Schildpatt und schwarzer Spitze erbebt, ein Opernglas aus Perlmutt scharf gestellt wird und man diskret Beifall spendet. Solch eine Pantomime malte ich mir zumindest aus, während ich der Zeremonie zusah, wie meine Mutter umständlich die langen Handschuhe anlegte, diese toten Häute, die zu leben begannen, sich anschmiegten und nach und nach Ge-

stalt annahmen, bis dann jeder einzelne Finger untergebracht war und es zu dem hinreißenden Schlußritus kam: Mit einer weiblichen Geste, wie sie Mayol verewigt hat, wurde über dem Handgelenk die kleine Luke geknöpft, durch die ich die nackte Handfläche küssen konnte. Dies war das Ende des Schauspiels und der Prolog zu dem wirklichen Schauspiel, um dessentwillen der ganze Aufwand an

Eleganz überhaupt erfunden worden war. Der Spiegelschrank zeigte mir meine Mutter, was sage ich, diese von Diamanten erdrosselte, samtstarrende Madonna mit nächtlichem Federschmuck im Haar, diese funkelnde, strahlengespickte Kastanie, die, in ferne Höhen entrückt und zerstreut, mich nochmals ermahnte, auch brav zu sein, während sie einen letzten Blick in den Spiegel warf. Die Zofe, die ehrerbietig auf den Knien kauernd die Schleppe richtete, verlieh meiner Mutter vollends den Adel einer spanischen Muttergottes. Dann verbarg der Pelzmantel die Gebinde und die leuchtenden Dolche, Mama beugte sich herab, gab mir rasch einen Kuß und eilte dem Meer von Stimmen, Geschmeiden, Federn und Schädeln entgegen, in das sie eintauchen würde, um sich wie ein roter Samtstrom mit den Samtwogen des Theaters zu vermischen und ihr Funkeln im Gefunkel der Lüster und Leuchter aufgehen zu lassen.

Ich träumte vom Theater. Diese abendlichen Aufbrüche und die Verheißungen, die ich mit ihnen verband, vermittelten mir nur eine sehr vage Vorstellung davon. Als mein Bruder Paul schließlich mitdurfte – zu *Samson und Dalila*, wenn ich mich recht entsinne –, fand ich einen kleinen Trost darin, daß nun wenigstens einer von uns auf dem roten Strom die Anker lichtete und daß es vielleicht auch mir einmal vergönnt sein würde, die großen, verbotenen Goldsäle kennenzulernen.

Meine Eltern gingen in die Comédie-Française oder in die Oper. An den Opernabenden nahmen sie die Partitur der *Meistersinger* oder von *Tannhäuser* mit. In der Comédie-Française wurde *La Grève des forgerons* gegeben. Allein vor einem Gericht, dessen Barrette, dessen Purpur und Hermelin Stammschauspieler des Hauses trugen, deklamierte Mounet-Sully das endlose Gedicht, das mit den Worten

beginnt: »Meine Geschichte, hohes Gericht, ist schnell erzählt«, und die Erinnerung daran, der Glanz dieses Theatermonologs waren nicht unbeteiligt an meinem Entschluß, *Die geliebte Stimme* der Auswahlkommission der Comédie-Française vorzulesen.

....

IV

Weigerung, mein Abführmittel zu nehmen – Der kleine Tod – Der Sack des Schwarzen Mannes – Das Châtelet-Theater – Die Reise um die Welt in 80 Tagen – Ein kritisches kleines Mädchen – Cosima Wagner und Offenbach.

Ich möchte gerne von Menschen gelesen werden, die, komme, was da wolle, stets Kinder bleiben. Ich erkenne sie unter Tausenden. Ein Blick, dem sich die ursprüngliche Zauberwelt auftut, bewahrt besser vor dem Schimpf des Alters als alle Kuren und Schönheitsmittel. Aber solche Menschen, die in diese schützende, naive Zauberwelt gekuschelt warm wie im Mutterschoß leben wollen, verletzt leider unsere nervenaufreibende Zeit mit ihrer Unordnung, ihrem ständigen Gehaste, ihren zuckenden Lichtern, ihren Transportmitteln, ihrer Unzahl an Vorwänden, sich zu entzweien, sich den anderen und sich selbst zu entreißen.

Das Kind will sein Zimmer haben, sich dort mit seinen Spielsachen und mit allem, was es liebt, umgeben. Was Auflösung und Zersplitterung mit sich bringt, ist ihm verhaßt. Es schätzt die Krankheiten, die zu enger Gemeinschaft und Abschottung führen. Diese manische Furcht vor dem Abschiednehmen, vor den Orten, an denen man sich die Menschen, die man gern hat, nur schlecht vorstellen kann, ging bei mir so weit, daß ich den Donner verehrte. Das sanfte Kegelschieben des Aprildonners, dieses sonntägliche gurrende Donnern, mit dem die Himmelsmöbel zurechtgerückt werden, ist wohl der Grund dafür, daß ich seinem Kult treu geblieben bin. Dieses Donnern bedeutete, daß der Plan zu einem Spaziergang ins Wasser fiel, es wiegte mich in der Sicherheit, daß die Familie zu Hause bliebe,

daß mir mein Cousin und meine Cousine beim Spiel mit den Bauklötzen helfen würden, daß die Ammen rings im Kreis über ihrer Näharbeit säßen, daß ich das Quartett hören würde und danach die Billardkugeln, die unten aufeinanderprallten und vom kindischen Wesen der Erwachsenen Kunde taten.

Ich verwünschte die Umstände, die mich sonntags gewaltsam aus meinen bequemen Träumen und aus meinem Loch rissen, einem Loch, wie es die »Eingesperrte von Poitiers« eines Tages »ihre liebe kleine Höhle«, ihren »lieben Abgrund Malampia« nannte.* Ich verwünschte sie, bis auf

* [*Anm. d. Übers.:* Cocteau bezieht sich hier auf einen spektakulären Fall, von dem André Gide in seiner Studie *La Séquestrée de Poitiers* berichtet: 1901 hatte man eine 52 Jahre alte Frau entdeckt, die 25 Jahre lang von ihrem Bruder und ihrer Mutter in ihrem völlig verschmutzten Zimmer gefangengehalten worden war. Sie bezeich-

zwei. Der eine ergab sich aus der Unzufriedenheit der Erwachsenen, der andere aus ihrer Zufriedenheit. Diese beiden außergewöhnlichen Umstände führten einen kleinen Tod herbei, ein Spiel mit einem kleinen Tod, eine erlesene, ersehnte, belauerte, verborgene, gefürchtete, bis zum äußersten verwickelte Angst, an der Stolz auf eine Belohnung oder Scham über eine Bestrafung nicht den geringsten Anteil hatten. Mit dem einen fand das Traumgeflecht der Sonntage auf dem Land, mit dem anderen das der Sonntage in der Stadt seine Fortsetzung. Sie verschafften mir in gewisser Weise einen Moment der Ruhe, indem sie meine persönlichen, geheimen Zauberpraktiken durch ein von außen kommendes, unvorhersehbares Zauberspiel ersetzten. Der erste dieser Umstände sah folgendermaßen aus: Eine widerliche Tasse in der rechten Hand, ein Minzbonbon in der linken Hand, weigerte ich mich, das obligatorische Abführmittel am Sonntagmorgen einzunehmen. Mir wurde gut zugeredet – ich weigerte mich; man bestand darauf – ich weigerte mich; ich wurde inständig gebeten – ich weigerte mich. Kaum hatte der bereits furchteinflößende Blick meiner Mutter ihre noch einschmeichelnde Stimme als Falle entlarvt, kaum hatte die Ohrfeige meine Backe berührt, begann der kleine Tod zu wirken.

Mochte ich auch den Ablauf des Dramas im voraus kennen, war es für mich dennoch stets eine Überraschung, wenn der *Kleine Tod* über mich herfiel. Er steckte mich in einen Sack, den er über seine Schulter hing. Pierre Barrère, der backenbärtige Diener meines Großvaters (er aß lebende Schnecken und zerknabberte ihr Gehäuse), verkleidete

nete ihr Gefangenenzimmer mit dem rätselhaften Ausdruck »mon cher grand fond Malampia«. In dem Kapitel »Von Maß und Zahl« der *Schwierigkeit, zu sein* schlägt Cocteau eine Interpretation des Wortes »Malampia« vor.]

sich als *Schwarzer Mann.** Nach einer kleinen realistischen Szene packte er mich in den Sack und lief treppauf, treppab durch das ganze Haus, damit ich die Orientierung verlor

und nicht mehr recht wußte, wo ich war. Ich glaubte an alles, ich kostete mein Entsetzen aus. Mein Herz pochte, es surrte mir in den Ohren, die Zunge trocknete mir aus, und trunken von dem Dunkel, von den Stößen, von dem

* [*Anm. d. Übers.:* Cocteau nennt ihn im französischen Originaltext *la mère Lachique*; der Tod – »la mort« – ist im Französischen weiblichen Geschlechts.]

Traumreich, verließ ich den Sack, auf der Stelle bereit, erneut die Einnahme des Abführmittels zu verweigern; ich war wahrhaft über den Todesfluß gesetzt, und als Totenfährgeld hielt ich in meiner Hand immer noch ein halb geschmolzenes Minzbonbon umklammert.

In der Stadt rührte der *kleine Tod* von einer Belohnung her, nämlich von Karten für eine Vorstellung. Wir dürften eine Vorstellung besuchen! Kaum hatte ich die große Neuigkeit erfahren, setzte sich der Mechanismus in Bewegung. Ein endloser, finsterer Gang, der Korridor des kleinen Todes, entsprang in meinem fiebrigen Schlaf, zog sich durch den Sonntagmorgen und mündete schließlich ins volle Licht des Tages, wenn wir vor dem Tribunal der Einlaßkontrolle und seinen schwarzbefrackten Richtern angekommen waren, um im Châtelet-Theater oder im Nouveau-Cirque die Matinee-Vorstellung zu sehen.

La Biche au bois, Die Reise um die Welt, das waren meine ersten Theatererlebnisse! Und welches Schwindelgefühl sie in mir erregten! Später, wenn wir dann mit den Kulissen, den Schauspielern, den Theaterdirektoren vertraut sind, wenn uns die Zeitungen und unsere Arbeit in Verbindung mit der Bühne halten, ist die Zeit dahin, da wir zuschauen konnten. Wir glauben, wir tun es. Aber damit ist es aus. Und niemals wird in unserer Seele das Klagelied des auf das Meer hinausblickenden sterbenden Tristan den Satz des Phileas Fogg aufwiegen: »Zwanzigtausend Banknoten für Sie, Kapitän, wenn wir noch heute abend Liverpool erreichen!« Niemals wird uns ein Bühnenbild des Russischen Balletts so in Erinnerung bleiben wie der verzauberte Schnee, in dem der Indianerhäuptling die Lokomotive abkoppelt.

Als ich 1917 im Châtelet-Theater *Parade* auf die Bühne brachte, beklagte ich mich über zu wenig Licht. »Monsieur Colombier«, sagte ich zum Chefbeleuchter, »was ich suche, ist eine Beleuchtung wie in dem Gemüsekönigreich der *Biche au bois*.« – »Wie alt waren Sie denn damals, Monsieur Cocteau?« – »Fünf.« – »Dann stammt die Beleuchtung von Ihnen selbst«, entgegnete er mir. »Zu dieser Zeit verfügte das Theater nicht einmal über ein Viertel der heutigen Beleuchtungsinstallation.« Ja, leider – lassen Sie es mich wiederholen – werden sich unsere Augen, die nun zu Augen skeptischer Kinder geworden sind, nicht mehr am Gold des roten Vorhangs, nicht mehr an der Glut des Rampenlichts verbrennen.

Ich erinnere mich – da ich gerade im Plaudern bin – an ein schönes kleines Mädchen, dem alle naive Leichtgläubigkeit abging. Ich war ihr auf den Champs-Elysées begegnet. Das Kasperltheater, die Karussells, die Wurf-

spiele in den Jahrmarktsbuden, die Ziegen und die Waffeln, die Stände mit Gerstenzucker und die Karaffen mit Lakritzwasser, all das verachtete sie. Sie hörte mir zu, wie ich in immer erregterem Tonfall die *Reise um die Welt* erzählte. Sie lächelte, zuckte mit den Achseln, schüttelte ihre Zöpfe. Sie kannte das Stück und erklärte mir, Phileas Fogg sei dünn. Ich jedoch hatte das Stück unglücklicherweise mit einem Ersatzdarsteller gesehen, und da mein Phileas Fogg dick war, versuchte ich sie zu überzeugen, sie hätte schlecht aufgepaßt, sie müßte es sich noch einmal ansehen. Sie machte sich über die Schlangen in Aoudas Höhle lustig. »Das ist nur ein Trick«, hielt sie mir wiederholt entgegen. Ich litt darunter, und bisweilen kommt es auch heute noch vor, daß ich leide, wenn in *Tarzan* Zuschauerinnen von Tricks und falschen Löwen daherreden. Ja freilich, meine Damen, was ist denn Kunst anderes als Trick! Auch die Jagd ist eine Kunst, aber letztendlich ist es schwieriger, aus einem Bettvorleger einen Löwen zu machen als aus einem Löwen einen Bettvorleger.

Kürzlich habe ich mir eine Wiederaufführung der *Reise um die Welt* angesehen. Trotz neuen Instrumentariums wurde die Originalinszenierung beibehalten. Meine Sitznachbarn musterten mich mit seltsamem Blick. Denn die sehr lauten, wie in die Kulissen sprechenden Stimmen, die mich an die berühmte Vortragsweise von Pougaud erinnerten, Passepartout, den eine Opiumpfeife zu Boden schmettert, der Negerkoch, das SOS des Telegraphen, die weiße Haut der Sioux, die zwischen den zu kurzen fleischfarbenen Trikots und den Rothaut-Handschuhen hervorsah, Phileas' Tasche, die Palmen vor dem indischen Hotel, die berstenden Dampfkessel, der sinkende Dampfer und auf grünen Leinwandwogen, die sich auf dem Rücken der Bühnenarbeiter hoben und senkten, schließlich das Wrack, an das man sich auch gut Inspektor Juve und Fantômas Aug in Aug geklammert vorstellen könnte – diese naiven Wunderbilder entlockten mir Tränen. Lassen Sie mich Ihnen gestehen, daß ich mich dieser Tränen durchaus nicht schäme. Weiß man denn, aus welchen Tiefen solche Tränen emporsteigen und was sie auslöst? Vor einigen Jahren zeigte mir eine Freundin eines Abends während einer Aufführung von Offenbachs *La Belle Hélène* im Halbdunkel einer Nachbarloge eine weinende alte Dame. Es war Cosima Wagner. Die Schweiz! Tribschen!

Paul Rée! Nietzsches Satz: »Wir werden nach Paris fahren und uns den Cancan ansehen«, die ausgelassene Jugend, die Streitereien, die Zerwürfnisse ... Cosima Wagner hätte es vielleicht über sich gebracht, standhaft dem *Ritt der Walküren* zu lauschen. Bei der *Marche des rois* aber kamen ihr die Tränen.

V

Der Zirkusgeruch – Das Netz der Hochseilakrobaten – Footit und Chocolat – Die Toreros – Die Seepantomime – Der Cakewalk – Die Elks.

Gegenüber der Mauer und den Kastanienbäumen des Sipierre-Hauses, dort, wo auf der anderen Seite die Rue Moncey einmündet, traf die Rue La Bruyère auf die Rue Blanche. Mein deutsches Kindermädchen kannte den Polizeibeamten am Halteplatz der Pferdedroschken; sie sprach ihn an und nannte ihm das Ziel unseres Spaziergangs. Ich war mir sicher, daß diese Nachricht nur Neid und basses Staunen bei dem Polizeibeamten hervorrufen konnte; so lief ich denn voller Stolz vor ihr her und hatte es recht eilig.

Die Tore des Nouveau-Cirque im Faubourg Saint-Honoré krönte ein Giebel. Wie die Bogenschützen des Tempels von Ägina schwangen Footit und Chocolat, als farbiges Relief gestaltet, ein Bein über das Giebeldreieck. Ich habe Ihnen bereits von dem geheimnisvollen Weg erzählt, der mich bis vor das Tribunal der Einlaßkontrolle führte. Die Richter rissen die Platzkarten ab, ich schloß die Augen ... und roch den großen, wunderbaren Duft.

Die Kindheit hat ihre eigenen Gerüche. Ich erinnere mich unter anderem an den Leim der Bilder, die man ausschnitt, wenn man krank zu Hause lag, an die Linden in Maisons-Laffitte, die das Nahen des Donners verrückt machte, an das köstliche Pulver der ausgebrannten Feuerwerkskörper auf den Gestängen, die man am Tag nach dem Feuerwerk im Gras aufsammelte, an die Arnika-Tinktur gegen Wespenstiche, an das schimmelige Papier einer Sammlung von Ausgaben der *Revue des Deux Mondes*, an das Tuch des großen Pferdewagens, der die Familie zur Messe brachte und ausgespannt in dem kühlen Schuppen stand, wo sich ein Durcheinander von Hacken, Gießkannen, Croquetschlägern und Wurfspielen anhäufte (meine Cousine Marianne hatte mich einmal im Wagen eingesperrt und zu mir gesagt: »Hör mal, ich weiß alles. Es gibt Erwachsene, die legen sich am hellichten Tag ins Bett. Die Männer, die nennt man dann einen Schwerenöter, und die Frauen ein leichtes Mädchen. Onkel André ist ein Schwerenöter. Wenn du das weitersagst, bring ich dich mit dem Spaten um«). Zu erwähnen wäre auch der leicht berauschende Geruch des Mists im Hühnerstall und des mit weißen Dreckspritzern bestirnten Bodens, wo sich die Reineclauden, die vom Baum fielen, den Kopf aufschlugen. Und nicht zu vergessen der Geruch der Geranientöpfe im Gewächshaus und der des Beckens mit den toten Fröschen, die, eine Hand auf dem Herzen, in Tenorpose auf dem Wasser schwammen. Später sollte ich den Geruch von Marseille kennenlernen, der Hoffnung schenkt, den Amber, der erröten läßt und erst in Berührung mit der Haut zu seiner vollen Entfaltung gelangt, die zerstampften Lilien in den Bettgemächern und das Opium, das uns verrät, daß Chinas Höflichkeit und Chinas Foltern nicht weit sind. Doch keiner dieser ernsten Gerüche vermag den Geruch des Zirkus zu übertreffen, den Geruch des Nouveau-Cirque, diesen großen, wunderbaren Geruch. Sicher, man wußte, daß er von Pferdekot, Stallmist, dem Manegenteppich und gesundem Schweiß herrührte, aber er enthielt obendrein etwas Unbeschreibbares, eine nicht analysierbare Mischung, eine Mischung aus Freude und Erwartung, die einen an der Kehle packte; wem sie vertraut war, für den lüftete sie sich gewissermaßen über der Vorstellung

und ersetzte ihm den Bühnenvorhang. Und der so tief gründende Reichtum, den ich als Kind im Mist fand, hilft mir nun zu verstehen, daß jener Zirkusgeruch leichter, fliegender Mist ist, ein goldener Miststaub, der unter die Glaskuppel emporsteigt, die Leuchtkugeln in den Farben des Regenbogens schillern läßt, die Arbeit der Akrobaten mit einem Glorienschein umgibt und der dann wieder auf die Erde zurückfällt, um mit seiner ganzen Kraft den bunten Clowns zur Blüte zu verhelfen.

Kaum war ich, von der Platzanweiserin und Fräulein Josephine eskortiert, aus einer der Luken oben am Ende einer kleinen Treppe hervorgetaucht, schlug dieser lebendige Staub meinen Blick in den Bann. Verklärendes Licht umströmte die Turngeräte, die Hochseilmasten und das Orchester, das frei in den Lüften des weiten Zirkusschiffes hing; man fand sich inmitten von lautem Lachen, inmitten von Posaunen-, Hörner-, Pauken- und Trommelklängen wieder. In meinen Augen wurde die Vorstellung von den Akrobaten und den Clowns beherrscht. Das übrige Programm bildete einen Begleitrahmen, so wie die Dummen Auguste die Pausen zwischen den Nummern füllen und beim Zusammenrollen der Teppiche behilflich sind. Und lieber noch als die eigentliche Nummer der Akrobaten waren mir ihre Vogelstellergesten, waren mir die Sohlen, die sie an Harz rieben, das Kleidungsstück, das sie mit einer Schulterbewegung abwarfen, die Verabschiedung der Artistenfamilie und der Augenblick, wenn sie sich dann noch einmal dem Applaus stellten, im Laufschritt herauskamen und hopp! mit erhobenen Händen stehenblieben, ganz ein Lächeln vom Scheitel bis zur Zehenspitze. Das Netz war ein Niemandsland zwischen Himmel und Erde. Denn noch hatte der Kinematograph nicht den Beweis angetreten, daß auch das plumpeste, das aggressivste Schauspiel einen Engel birgt, der ins Freie tritt, einen Hauch von Rauch, der aufsteigt, eine warm glänzende Kastanie, die sich aus ihrem Stachelgehäuse löst, sobald nur die Zeitlupe den Lebensrhythmus ein wenig bremst.

Das Orchester hielt plötzlich inne. Mit offenen Mündern wartete die Menge, und ein Trommelwirbel begleitete den Sturz der Akrobaten. Die Akrobaten fielen. Sie fielen, sie stürzten sich weich in den Tod, und weich standen sie wieder auf und bewegten sich weich mit großen Schritten, wie man nach dem Tod wohl geht. Um das Gewicht ihres Blutes erleichtert, wandelten sie auf der teigigen Masse eines schlechten Traums, auf einem Teig aus Langsamkeit, einem Teig gleich dem phosphoreszierenden Schleim, der sich zwischen den nachtschwarzen Maschen der Fischernetze verfängt.

Neben unseren Clowns und unseren Akrobaten gab es noch eine Nummer, die uns gefiel. Das waren die mexikanischen Revolverschützen. Der Ausdruck »Cowboy« war uns unbekannt geblieben. Männer und Frauen mit Gurten und in ledernen Hosen gaben Lassoübungen zum besten, die dann am Montag daheim mit zu Bruch gegangenem Mobiliar, mit Tränen und hinter dem Riegel der schwarzen Kammer endeten.

Footit und Chocolat hatten erst nach der Pause ihren Auftritt. Auf der mit rotem Samt verkleideten Manegeneinfassung galoppierte ein winziges Pony, das ein Schild mit der Aufschrift »Pause« auf dem Rücken trug. Das Publikum erhob sich, ging umher, sah sich hinter den Kulissen um. Die Pferdeknechte in ihrer blaßblauen, mit Kupferknöpfen besetzten Uniform bauten die Reckstangen ab, zogen die Trapeze in die Höhe, räumten die Zielscheiben, die verschiedenen Gerätschaften, die Tische der Jongleure, der Schützen und Zauberkünstler beiseite. Die Verkäuferinnen priesen leiernd Pfefferminzpastillen, Milchkaramellen und saure Bonbons an. Die Kinder schlugen auf dem Läufer in der Manege Purzelbäume, die Dummen Auguste reichten Limonaden, und schon war die Pause vorüber; immer näher rückte das bittere Ende, wenn es dann heimgehen heißt und man am Ausgang in den falschen Mantelärmel schlüpft, weil man einen verzweifelten Blick auf die leere Manege wirft.

Doch so weit sind wir noch nicht. Gleich werden Footit und Chocolat ins Rampenlicht treten. Aber was sage ich da? Niemals hätten die beiden den Fehler begangen, auf eine Bühne zu treten und sich im Varieté darzubieten. Ins Rund der Manege werden sie treten, und in eine Manege zu treten ist durchaus nicht dasselbe, wie auf eine Bühne zu treten. Das hieße eine Statue und eine Medaille verwechseln, und es erstaunt mich, daß Clowns heutzutage bereit sind, sich im Profil, auf den Brettern eines Guckkastens zur Schau zu stellen. Die Gefahr, nicht lustig zu wirken, oder auch die Gefahr überhaupt, so scheint es, kann mit der List eines Kampfstiers von allen Seiten plötzlich heranstürzen, und das offenbar zwingt die Zirkusstars zu unzähligen spanischen Körperdrehungen und Kehrtwendungen. Das Hindernis der Bühnenrampe und des Orchestergrabens, die Fallgrube der Kulissen, die Sackgasse des Leinwandhintergrunds, all das ist ihnen nur abträglich. Am liebsten habe ich im Zirkus immer die drei großen modernen Nummern gesehen: Rastelli, Barbette und Coeléano. Der Tod

hat denjenigen von den dreien geholt, der sich am wenigsten um ihn scherte. Für die beiden anderen bleibt der Tod der Lieblingspartner. So stellt ihm Barbette weiterhin seine zweideutigen Fallen, und Coeléano tanzt mit ihm Auge in Auge auf dem Hochseil. Ja, diese Meister des Gleichgewichts und die berühmten Clowns scheinen mir für die Arenen, für das von Augen umringte Rund der Manege bestimmt. Und wäre es auch nur wegen ihrer Kostüme, deren Stil allein sie schon in die Nähe des Toreros rückt.

Footit besaß den glitzernden Anzug, die Geschmeidigkeit, den Charme, den Glanz und den Ruhm eines Toreros.

Dieser Glanz und dieser Ruhm waren ihm von den Kindern verliehen worden, dem schwierigsten Publikum auf der Welt. Während einer Aufführung von *Parade* hörte ich auf dem Gang einen Herrn sagen: »Wenn ich geahnt hätte, wie dumm das wird, dann hätte ich die Kinder mitgenommen.« Dieses Lob rührte mich im Innersten. Footit bezauberte die Kinder; es gelang ihm das Kunststück, auch den Erwachsenen zu gefallen und ihnen ihre Kindheit wiederzuschenken. Kindern tut sich ein wohlvertrautes Gelände auf, wenn sie die überreizte Erregung der Clowns sehen, die gerade von einem neuen Streich erfahren haben und nun beschließen, ihn an einem ihrer Kameraden zu versuchen, oder wenn sie den schimpfenden Tonfall des Stallmeisters vernehmen, wenn sie Arbeitsverweigerung, Ungehorsam und eine Sprache voller Grammatikfehler vorgeführt bekommen. Chocolat, der dumme Neger in anliegender schwarzer Seidenhose und rotem Frack, hatte für die derben Späße und die Ohrfeigen herzuhalten.

Mit seinen dicken nackten Waden, seinen quastenbestickten Hosen, dem steifen Kragen, seiner strohblonden Haarlocke, seinem grausam geschminkten Gesicht, den blutig grimassierenden Lippen und dem spitzen Hut, aus dem bei jeder Ohrfeige eine Mehlwolke stob, mit seinem flitterbesetzten Leibchen und seiner Stimme, die einer verrückten Herzogin zu gehören schien, kurz, indem er Baby, Kindermädchen und vornehme englische Lady zugleich war (seine Frisur erinnerte an Sarah Bernhardt und an die Königin Alexandra), lud Footit die Manege mit einer Atmosphäre wie in der Kinderstube des Teufels auf; die Kinder fanden darin ihre heimtückischen Streiche wieder, und die Erwachsenen ließen sich von der Größe dieses Schauspiels beeindrucken.

Der Höhepunkt des Programms war die Seepantomime.

Denke ich an den Augenblick zurück, wenn das Wasser einströmte, wird mir schwach ums Herz. Kein Filmtrick, kein Kinogag wird jemals dieses wunderbare Ereignis ersetzen können. Nachdem man den Teppich fortgeschafft hatte, versank der grüne Manegenboden mit einem dumpfen Geräusch. Zwischen den Brettern schossen kleine Wasserbüschel hervor, und ein ganzes Szenarium nahm nun in der zum Wasserbecken gewordenen Manege Gestalt an: Seerosenblätter, auf denen eine in Tüll gekleidete Tänzerin einen Spitzentanz aufführte, eine durchsichtige Mühle, deren Räume von Schatten bevölkert waren, eine Treibjagd unter Wasser, Footit, der einen schwimmenden Kalbskopf anlockte, indem er ihm Essig und Öl zeigte, und das China von *Papa Chrysanthème*, einer Pantomime, in der Chocolat, frisch aus Paris zurückgekehrt, mit einer beigen Melone auf dem Kopf den Refrain eines damaligen Erfolgsschlagers trällerte: »Tararaboumdihé, la grammaire ça m'fait suer! (Was geht mir doch die Grammatik auf den Keks!)«

Das war der Nouveau-Cirque, wie ich ihn mit meinen sieben Jahren erlebte. Fünf Jahre später, 1904*, sollte derselbe Nouveau-Cirque Ort eines Bühnenereignisses von geschichtlicher Tragweite werden: Aus Amerika kam der Rhythmus zu uns herüber.

....

Die Ankunft des Cakewalk fegte mit einem Schlag alles beiseite, ließ alles andere farblos erscheinen. Von der Kuppel des Nouveau-Cirque blitzten Scheinwerfer, seidene Banner in den amerikanischen Farben beflaggten links und rechts die Portale, die ersten Neger (man kannte bisher nur den armen Chocolat) brachten den feierlichen Cakewalk mit. Eine Woge von Eleganz füllte die Stufen des Zirkus,

* [*Anm. d. Übers.:* Den Angaben hier zufolge wäre Cocteau 1892 geboren. In Wahrheit ist er drei Jahre älter.]

wo nun perlen- und federgeschmückte Frauen, Männer mit Monokel, Bürstenhaarschnitt oder glänzendem Schädel Platz nahmen. Die Bläser und die Trommler des Orchesters setzten ein, eine unbekannte Musik erklang, ihr Rhythmus erinnerte an die Märsche, die Souza dirigierte und mit Pistolenschüssen anfeuerte. Wie Ballerinas huschten jetzt die Scheinwerfer über die Tanzfläche, bündelten sich zwischen den Spalieren der blauen Kunstreiter, und da erschienen die Elks.

Nichts, weder die erste Jazzband im Casino de Paris, die den Tanz von Gaby Deslys und Pilcer begleitete, noch der Neger in der ozeanblauen Jacke der Black Birds, weder die Rollschuhtänzerin noch die Faust- und Ringkämpfer, nichts unter all den schießpulvergeladenen Modespektakeln ließ sich jener Erscheinung vergleichen.

Guter Wille allein genügt nicht, um im Scheinwerferlicht zu strahlen. Mitunter richtet sich das Feuer der Scheinwerfer auf arme Teufel und unterstreicht nur, wie verlassen sie dastehen. Es gibt nicht viele Artisten, die schillern und funkeln unter einer Brause von Licht. Monsieur und Madame Elks besaßen dieses Vorrecht der Diamanten und der Stars. Der ganze Saal hatte sich erhoben, trampelte mit den Füßen, und in der Mitte des tobenden Saals tanzten Monsieur und Madame Elks. Mager, mit gekrümmten Gliedmaßen, bändergeschmückt, sternenfunkelnd und von weißem Licht bespritzt, tanzten und tanzten sie, den Hut übers Ohr und übers Auge geschoben, die Knie höher als das kopfüber nach hinten gekehrte Gesicht, in den Händen einen biegsamen Stock wirbelnd, rissen sie ihre Gesten aus sich heraus, und über einen künstlichen Fußboden hämmerten die Kastagnetten ihrer Lackschuhe. Sie tanzten, glitten, bäumten sich auf, klappten zusammen, auseinander, beugten sich noch tiefer, richteten sich wieder auf und grüßten ... In ihrem Gefolge begann eine ganze Stadt, begann ganz Europa zu tanzen. Sie gaben das Beispiel, und der Rhythmus bemächtigte sich der Neuen Welt, und nach der Neuen Welt der Alten Welt, der Rhythmus übertrug sich auf die Maschinen, und von den Maschinen kehrte er wieder zu den Menschen zurück, und das sollte forthin kein Ende mehr nehmen – die Elks sind nun tot, tot auch Chocolat und Footit, tot der Nouveau-Cirque, aber tot oder lebendig, sie tanzen unablässig weiter, und allen voran die schwingenden Stöckchen und die bändergeschmückten Gerippe der Elks.

IV

Madeleine Carlier – Der Nordpol – Das Viertel um die Concorde – Der Palais de Glace – Die Stunde der Kokotten – Willy und Colette – Sem – Polaire.

Zwei kleine Mädchen vom Montmartre träumten einst vom *Palais de Glace*. Auf der letzten Seite der Zeitung hatten sie entsprechende Anzeigen gesehen, und die magischen Worte *Palais de Glace* regten ihre Phantasie an. Ein Palast ganz aus Spiegeln, eine Art Palast, den trügerische Spiegelungen durchgeisterten, war dieser Tempel des Wintersports für sie geworden.* Eines Sonntags schlachteten unsere beiden Mädchen ihr Sparschwein, und schamrot trotz ihrer mit Margeriten geschmückten Strohhüte und ihrer Kleider aus steifer Gaze, nahmen sie sich ein Herz, erstanden an der Kasse zwei Eintrittskarten und schritten über die Schwelle. Aber was für eine verheerende Überraschung erwartete sie! Wie vom Donner gerührt, starrten sie sich an, unschlüssig, ob ihnen mehr nach Tränen zumute war oder eher nach jenem unbezwingbaren Lachen junger Mädchen, die »schon flügge geworden sind«. Mit anderen Worten: sie waren selbst die ersten, die sich über ihren Irrtum lustig machten. Doch zeigte ihr Besuch bei weitem nicht auf beiden Seiten die gleiche Wirkung. Konnte sie der

* [*Anm. d. Übers.:* »Glace« heißt sowohl »Eis« als auch »Spiegel«.]

Eispalast kaum beeindrucken, so beeindruckten sie um so mehr den Eispalast. Diese beiden unvorsichtigen Mädchen waren nämlich niemand anderes als Madeleine Carlier und ihre Schwester (sie trugen damals noch nicht diesen Namen). Sie können sich vorstellen, daß es auf eine Gesellschaft, die stets dieselben wie Schießbudenfiguren, wie blecherne Kaninchen, Palmen und Zuaven sich drehenden Gestalten gewohnt ist, wie ein Paukenschlag wirken mußte, als sie diese neu aufflammenden Sterne erblickte, die natürliche Farbe ihrer Gesichter, das Feuer ihrer Wangen, das durch das Rosa der Lampen, die Schüchternheit, den Kontrast zwischen der Wärme der Umrandung und der eigentümlichen Kühle in der Mitte noch stärker entfacht wurde.

Als die Mädchen schließlich die Kraft aufbrachten, wieder ihre fünf Sinne zusammenzuhalten, die Flucht zu ergreifen und dem Streifzug ein Ende zu setzen, da hatten sie einen Troß von Bewunderern, ein Gefolge in Ekstase auf den Fersen, und fortan sollte es ihnen daran niemals mehr mangeln.

Auch ich stand als Kind unter dem Eindruck des roten Leuchtschriftdiadems, das den Eispalast krönt und das wir heute vom *Figaro* aus sehen. Rittlings auf den Holzpferden des von einer Efeukrücke gestützten Karussells sitzend, blickte ich aus unserer Kinderwelt herüber auf diese Sportarena. Nach Belieben wandelte ich sie ab, überhöhte sie, spann ein dramatisches Geflecht um sie. Jedoch nicht in dem Sinne wie die Geschwister Carlier; ich wußte, was einen erwartete, und die Aussicht auf Schlittschuhstunden raubte in meinen Augen einem Besuch dort von vornherein allen poetischen Reiz. Als eingefleischtem Faulpelz welkt mir jeder Traum dahin, sobald ich etwas lernen muß; Weihnachten hatte für mich wegen der nützlichen Geschenke seinen Zauber verloren: Lineale, Federmäppchen, Schulranzen, Metronom ... alles Dinge, die mir zuwider waren, die zum Lernen gedacht waren.

Mein Bruder Paul lief im »Nordpol« Schlittschuh. Der »Nordpol« in der Rue Clichy (das heutige »Apollo«) war weitläufiger und nicht so teuer. Eisberge, Schiffe in Seenot und Eisbären malte ich mir dort aus. Lud solch ein Name auch zum Träumen ein, konnte er mich doch nicht vom Eispalast ablenken, denn das Viertel um die Concorde, das grüne Kupferdach der Madeleine, die wie ausgestorbene Insel der Madame Hédiard, der Herrscherin über beunruhigende Früchte, Gewürze und Essenzen, der Blumenmarkt, dessen rote Markisen die Farben verfälschten, die Phantomterasse des Clubs, wo Swann und der Herzog von

Guermantes sich an einem Tisch niederließen, die Seine, die, wie Apollinaire sagt, zwischen Büchern dahinfließt, der Park mit den rosafarbenen Kastanienbäumen, wo indiskrete Eisenstühle die Haltungen der Paare verraten, das

Kasperltheater Anatole und die gewichtig dreinblickenden Schmetterlingsjäger der Briefmarkenbörse – diesem Viertel war ich mit Herz und Seele verfallen, und ohne daß ich zu verstehen suchte, warum, ist dem auch heute noch so.

Der Schlittschuhlehrer befahl meinem Bruder: »Üb ma', Jung!«, und fort war er bei seinen hübschen Schülerinnen. Dieser Spitzname »Übmajung« verfolgte ihn, kränkte ihn, und in mir weckte das die schlimmsten Befürchtungen für unsere ersten Begegnungen auf dem Eis.

Kurzum: mein Cousin und meine Cousine, die Geschwister Lecomte, und ich hatten schließlich im Eispalast auf den Champs-Elysées, dem wahren Eispalast, unseren bescheidenen Auftritt. Ich glaube nicht, daß sich das Bild dort besonders verändert hat: Das monumentale Pfefferminzbonbon ist mit Eisspänen übersprüht, die die Schlittschuhläufer mit ihren Bremsmanövern abhobeln; die Zigarette im Rücken, rasen die Eislaufvirtuosen abgeknickt dahin, plötzlich wenden sie sich mit einer raschen Drehung, lässig aufgerichtet, der Umrandung zu, wo eine Zuschauerin einen spitzen Schrei ausstößt. Das Orchester schüttelt zu *España* die Tamburine, läßt die Auf- und Abstriche der langsamen Walzerschrift fließen, und wie unter einem Kirchenschiff erfüllt der Klang den Raum; weißer Puder versilbert das Orchester, so wie der luftige Mist des Nouveau-Cirque die Akrobatenfamilien mit Gold überzog. Nein, bis auf die gerade populären Erfolgsmelodien dürfte wohl alles

beim alten geblieben sein, der azurblaue Plüsch der Spiegeldraperien, der Rosetten und der Baldachine der Eisbahnumrandung ebenso wie das fein ziselierte Schmiedeeisen des Alkazars aus kleinen Logen, Säulen und Arkaden.

Wenn der Nouveau-Cirque sich um fünf Uhr in sprühende Wasserpracht kleidete und seinen Stil wechselte, so verschwanden im Eispalast um fünf Uhr wie durch Zauberhand die Gymnasiasten, die Cousinen, die Familien und machten Platz für die aufgedonnerten Damen des schicken Milieus. Das war die Stunde der Halbweltdamen und der großen Kokotten, wie es sie heute nicht mehr gibt – unserer Tage wären sie alle elegante Bürgersfrauen, und da ihre Schar nun tot ist, wird uns Madeleine Lely in den *Amants* zum Rätsel, muß André Brulé zu völlig neuen komödiantischen Listen greifen.

Ich habe mit eigenen Augen die Otero und die Cavalieri in Armenonville speisen sehen. Und das war kein geringes Schauspiel! Rüstungen, Wappenschilder, Halseisen, Fischbeinmieder, Schnürbänder, Schulterstücke, Beinschienen, Panzerhandschuhe, Perlenhalfter, Brustharnisch, Federschildwehr, Kettenhemd, Samt-, Seiden- und Edelsteinkoppel – diese von Tüll, falschen Wimpern und blinkendem Schmuck strotzenden Ritter, diese mit Spargelzangen bewaffneten heiligen Käfer, diese Samurai in Zibelin und Hermelin, diese Kürassiere der Lust, denen schon am frühen Morgen kräftige Kammermädchen Panzer und Harnisch anlegten, saßen steif ihrem Gastgeber gegenüber und erweckten den Eindruck, als könnten sie aus einer Auster unweigerlich nur deren Perle herausbekommen. Die Gigolos von heute würden angesichts einer jener Schönheiten schnellstens Reißaus nehmen. Monokel, Gamaschen und weißer Schnurrbart, ansehnliches Alter und ebensolches Vermögen gestatteten, sich mit dem Gedanken an solch einen Tischgast zu tragen. Eine jener Damen auszuziehen war ein kostspieliges Unterfangen, das man am besten bereits im voraus, wie einen Umzug, gründlich plante, und will man verstehen, was es hieß, sie sich in zerwühlter Unterwäsche, mit aufgelöstem Haar und übers Bett hingestreuten Gliedmaßen vorzustellen, muß man schon seine Phantasie bemühen und sich das skandalöse Bild eines Schlafzimmers ausmalen, das Schauplatz eines Mordes wurde.

Ich möchte vor Ihren Augen einen jener Tische mit schneeweißen Decken erstehen lassen, an dem ein Oberkellner mit Admiralsbackenbart eilfertig die Gäste bedient. Nur die Champagnerflasche trägt die Serviette, nach französischer Art, um den Hals; alles übrige ist tadellos, so tadellos, daß Boldi, der Zigeuner in seinem roten Gewand, auf das die Rockschnüre ihre schwarzen Schriftzüge zeichnen, mit dem Anflug eines Lächelns belohnt wird, als er eben auf seiner vom Schnurrbart flankierten Geige die letzten Takte von *Amoureuse* beendet.

Rockschnüre zieren hier im Eispalast auch die olivgrüne Tunika der Schlittschuhlehrer, die in koketten Stiefeletten und mit einer kaviarschwarzen Kappe auf dem Kopf im Walzerrhythmus ihre Kreise ziehen. Die Kokotten heißen Liane Sowieso, Liane Diesunddas; all diese Lianen ranken sich um den olivgrünen Lehrer. Tief vor sich ihren Muff haltend, fahren sie los, wenden, beugen sich, richten sich wieder auf, als wollten sie die edel geschwungenen Formen der Pariser Metroeingänge nachbilden, und überqueren mit gesenktem Blick die Eislauffläche. Machen sie halt, dann stelzen sie mit den an die Louis-Quinze-Absätze geschraubten Silberkufen zu den Waschräumen oder hieven sich rings an die Tische im Trockendock.

Um einen dieser Tische saßen Willy, Colette und ihre Bulldogge. Willy mit seinem dicken Schnurrbart und seinem Kinnbärtchen im Stil Tartarins, mit seinem lebhaften Blick unter schweren Augenlidern, mit seiner Lavallière-Krawatte und dem Zylinderhut, der über einem Heiligenschein aus Pappkarton aufragte; seine Bischofs-

hände hatte er auf dem Knauf seines Stocks gefaltet. Daneben unsere Colette. Nicht die fest auf ihren beiden Beinen stehende Colette, die uns schmackhafte, mit rohen Zwiebeln zubereitete Salate anbietet und in Sandalen am

Stand bei Hédiard ihre Einkäufe erledigt – nein, eine ganz dünne Colette, eine Art kleiner Fuchs im Radsportleranzug, eine Art Foxterrier im Rock, mit einem schwarzen Fleck über dem Auge, der an der Schläfe in ein rotes Schleifchen übergeht.

Sem zeichnet. Mit einem Koh-I-Nor, einem wahren Teufelsstift bewaffnet, schlüpft er zwischen den Gruppen hindurch, postiert sich hinter den Modegöttinnen und den Stutzern. Sem war ein blutdürstiges Insekt, faltig und mit Bartstoppeln; je mehr er seinen Opfern nachstellte, desto stärker nahm er ihre Ticks an. Seine Finger, seine runden Brillengläser, sein Bleistiftstummel, das Seidenpapier, das er zum Durchpausen benutzte und oft wieder zerknüllte, seine Falten, seine Haarsträhne, sein Regenschirm, seine zwergenhafte Silhouette, als hätte man einen jungen Stallburschen vor sich, alles an ihm schien zusammenzuschrumpeln und sich auf seinen Willen zum Zubeißen zu konzentrieren; wie ein Taschentuch verknotete sich seine ganze Person, damit ihm auch nicht das kleinste Detail einer Physiognomie entfiel, der seine Beobachtung galt.

Im Umkleideraum wurden die Kufen abgeschraubt, und die Kindermädchen schalten mit uns. Wir trödelten und zögerten den Aufbruch bis zur letztmöglichen Minute hinaus. So versuchten wir uns über den Zeitpunkt, wenn die Familien abzogen, hinwegzuschwindeln und einen Augenblick dem Auftritt der Kokotten und Künstlerinnen beizuwohnen.

Da tauchte ein Geschöpf auf, allein dessen Name schon an diesem Ort ein Meisterwerk war: Polaire! Ein platter, gelber Schlangenkopf wiegte die Austernmuscheln ihrer Augen, aus deren Wimpernschlag Perlmutt, Salz und kühler Schatten blinkte; die lang und schmal zusammenlaufenden Gesichtszüge spannten sich bis in den Nacken, wo sie ein schwarzes Haarband zu einem Knoten schnürte; den Filzhut über den Fransen ihrer Ponyfrisur hatte sie ins Genick geschoben, statt eines Gürtels trug sie einen Ring von Lalique, und ein Rock nach der neuesten Mode ließ den Blick auf die Socken und die Knöpfstiefeletten mit den grausamen Kufen frei – so stand diese Schauspielerin, die scharf und heftig wie eine Beleidigung in jüdischer Sprache wirkte, aufrecht und starr am Laufbahnrand, als drohe ihr jeden Augenblick der Nervenzusammenbruch.

Der Blick eines Kindes nimmt schnell auf. Später wird der Abzug dann entwickelt. Als wäre es erst gestern gewesen, sehe ich diese geniale Silhouette wieder vor mir, hoch auf ihren Schlittschuhkufen, auf ihren Kothurnen, wie sie das javanische Theater benutzt. Sie beherrscht die Mode. Sie stürzt die Frauen in Ratlosigkeit. Sie trifft die Männer an ihrer empfindlichsten Stelle. Sem und Capiello machen sich ihr gelbes Profil streitig …

VII

Die Schulerfolge eines Faulpelzes – Meine Familie versucht es mit allen Mitteln – Die wahre Cité Monthiers – Der Schüler Dargelos – Der Schlag einer Marmorfaust.

In diesen nahe der Oberfläche dahintreibenden Erinnerungen kann ich unmöglich meine Schulzeit mit Stillschweigen übergehen – zu meiner großen Beschämung. Denn ich war das Musterbild eines schlechten Schülers, eines Schülers, der außerstande ist, auch nur irgend etwas, was auch immer es sein mochte, zu lernen und im Kopf zu behalten. Meine Auszeichnungen in Turnen, Deutsch und Zeichnen hoben meinen mangelnden Eifer in allem anderen noch nachdrücklich hervor, umgaben ihn sozusagen mit einem Goldrahmen. Wenn ich die Augen schließe, zieht meine Schulzeit nur in nichtigen und unheilsschwangeren Bildern herauf: Wie unter einem Fallbeil wachte ich morgens auf, dann erwarteten mich Tränen, schmutzige Hefte, hastig aufgeschlagene Bücher, Tintenkleckse, Schläge mit dem Lineal auf die Finger, das Quietschen der Kreide, Nachsitzen am Sonntag, leere Klassenzimmer, die nach Gas stinken, Zuchthaustischchen, an denen ich mit kraftloser Schrift, stumpfer als das Profil eines Fischmessers, tausendmal abschrieb: »Acht und acht sind nicht vierzehn«; trostlose Vororte, schauerliche Hin- und Rückfahrten kamen auf mich zu, und die Züge im Herbst, in denen die Großen uns fesselten und hinauf ins Gepäcknetz warfen. Ich könnte weitere Folterqualen aufzählen: Schlafräume im Morgengrauen, die tödliche Angst, aufgerufen zu werden, die Versuche, vom Nachbarn abzuschreiben, der sich hinter einem Wall von Wörterbüchern verschanzt, eine wahre Sintflut von Drohungen, der Lehrer, der uns bei ungebührlichen Karikaturen ertappt, kalte Schweißausbrüche bis zum erlösenden Klingelzeichen, dem ein fröhliches Umtreiben antwortete und das mir einen Stein vom Herzen nahm. Meine arme Familie war schier verzweifelt und versuchte es mit allen Mitteln und Wegen: das Petit Condorcet, das Grand Condorcet, das Fénelon* und Hauslehrer. Aber was läßt sich schon ausrichten, wenn sich der Kopf sogleich leert, wenn das Kind, dem andere, geheime Aufgaben vorbehalten sind, in den Schlaf eines Schlafwandlers zu sinken sucht und immer nur erschreckt hochfährt, sobald es am äußersten Rand des Traums von Mördern geweckt wird, die nur sein Bestes wollen?

Meine wahren Erinnerungen an die Schulzeit beginnen erst, wenn die Hefte geschlossen wurden. Der Pausenhof liegt noch unter dem kalten Schatten, dem Fallbeil der schwarzen Tafel. Streiche und Raufereien, die Rue Blanche und der Passage du Havre, wo ich mich herumtrieb, wenn ich die Schule schwänzte, so sehen die Erinnerungen eines Faulpelzes aus, davon ist mein Gedächtnis bevölkert, wie es sich für einen schlechten Schüler gehört, der froh ist, wenn er den Ketten entrinnen kann.

Crommelinck hat meine *Kinder der Nacht (Les Enfants terribles)* als Vorlage zu einem Theaterstück herangezogen. Dieses unveröffentlichte Stück wurde dann im »Œuvre« aufgeführt. Nun betritt man das Théâtre de l'Œuvre durch eine Gittertür an der Rue Clichy eben von der Cité Mon-

* [*Anm. d. Übers.:* Pariser Schulen, die Cocteau besuchte.]

thiers aus, die das Schlachtfeld meiner Kindheit war, ihre Freistätte und ihr Wunderhof, insbesondere wenn der Schnee diesen Innenhof idealisierte und ihn wie ein Märchenreich abschottete. Dort fiel zwischen vier und fünf Uhr

abends unser Ritterheer in wollenen Rüstungen und mit den Schulranzen als Schildern ein; im Galopp kamen wir durch den Gewölbegang eines Hauses in der Rue d'Amsterdam, dem gegenüber, auf der anderen Straßenseite, das Petit Condorcet seine Tore öffnet.

Wie ehedem bei Maeterlinck in Saint-Wandrille hätte man also das Publikum bitten können, den Saal zu verlassen, um ihm das Vorspiel, die Schneeballschlacht, am Schauplatz des Verbrechens selbst vorzuführen.

Ich werde hier keine neuerliche Beschreibung der Cité

Monthiers geben, wie sie sich unter dem Schnee, oder genauer gesagt, unter dieser Art schillerndem Matsch, diesem grauen Schnee darbot, den ich in meinem Film *Das Blut eines Dichters* wiederzugeben bemüht war und den die Liebhaber russischer Filme für ein Konstrukt aus Watte und doppeltkohlensaurem Natron hielten. Rein war der Schnee indes auf den Simsen, auf den Gaslaternen und den Blechvordächern der Privathäuser geblieben, die den winzigen Hof säumen; unser Hang, alles, was sich von uns entfernt, ins Große und Mythische zu steigern, ist schuld daran, daß dieser Hof in meinen Beschreibungen oder Zeichnungen stets sehr viel weitläufiger erscheint. Eine leicht verrufene Note kam durch das flackernde Gaslicht hinzu. Die Ecken im Schatten wurden zu dunklen Höhlen, die Häuser nahmen trutzige Gestalt an, und der bleiche, sanfte Schnee besorgte den Rest. Und eben jetzt, wo ich mich an die Tatsachen halten will, gleite ich doch schon wieder ab und bin versucht, irgendeine neue Geschichte auszuspinnen, die im Umkreis des ersten Kapitels der *Kinder der Nacht* ihren Platz fände.

Offen gestanden, hat sich tatsächlich etwas wie die Geschichte mit dem Schneeball ereignet. Ein Schulkamerad ist getroffen zu Boden gegangen, und ich kann mir gut denken, daß die Ströme von Blut, die er in meinem Film spuckt, nicht mehr waren als ein klein wenig Blut, das ihm aus der Nase rann: ein Blutgerinnsel, wie es sich an der Nase toter Hasen verkrustet. Der Mechanismus, der die Maler dazu führt, den Hügel von Golgotha und das Kreuz Christi von Mal zu Mal höher erscheinen zu lassen, hat wohl auch in diesem Fall seine Wirkung getan. Der fatale Schneeball allerdings kam in der Tat aus der Hand des Schülers Dargelos.

Von dem Schüler Dargelos nun muß ich Ihnen erzählen,

denn er verkörpert geradezu den Typ des blendenden, bewunderten Faulpelzes, so wie Clinchard bei uns in den unteren Klassen den Streber verkörperte. Eines Tages sahen wir, wie Clinchard in Gegenwart unserer Mutter unter

dem Gewölbe der Eingangshalle von seiner Mutter geohrfeigt wurde. Hoffnung keimte in unseren Herzen auf, als wir erfuhren, daß ihn seine Mutter bestrafte, weil er *Zweiter geworden war*. Er nahm ein für allemal den ersten Platz ein, und daran hatte er sich zu halten.

Dargelos für seinen Teil nahm ein für allemal den letzten Platz ein, den ersten Platz als hoffnungslose Null in der Schule. Aber er hielt diesen Platz mit solch einer Kraft, solch einer Kühnheit und Gelassenheit, daß niemand unter uns auf den Gedanken gekommen wäre, ihn ihm abspenstig zu machen, nicht einmal, ihn darum mit neidischen Blicken zu bedenken. Überdies war er schön, schön wie ein Tier, ein Baum oder ein Fluß; er besaß jene unverschämte Schönheit, die der Schmutz noch unterstreicht, die sich ihrer selbst nicht bewußt zu sein scheint, die aus ihren geringsten Quellen Nutzen zu ziehen versteht und sich nur zu zeigen braucht, um zu überzeugen. Diese robuste, hinterhältige, offenkundige Schönheit behexte selbst die, die sich sicher wähnten, nicht für dergleichen empfänglich zu sein: den Direktor, den Aufseher, die Lehrer, die Aufgabenbetreuer, den Pedell. Stellen Sie sich nur vor, welche Unruhe dieser Dargelos, Bandenführer, Hahn der Schule und ungestraft der ärgste Faulpelz, dieser Dargelos mit der nachtschwarzen Tolle in der Stirn, mit den stark geschlitzten Augen und den prächtigen, aufgeschlagenen Knien, unter liebeshungrigen Larven auslösen konnte, die das Rätsel der Sinne noch nicht kannten und so wenig als nur möglich gegen die fürchterlichen Angriffe

geschützt waren, mit denen das übernatürliche Geschlecht der Schönheit jeder empfindsamen Seele zusetzt.

Ich habe immer angenommen, daß Dargelos von seinem Vorrecht wußte und es genoß. Er war der männliche Vamp der Schule. Er blendete uns, erdrückte uns, ließ uns in den Boden versinken angesichts seiner luxuriösen Unbändigkeit und entwickelte in uns jenen berühmten Minderwertigkeitskomplex, über den sicherlich allzuviel gesprochen wird, den es jedoch durchaus gibt und der, in stärkerem Maß als der Stolz, für so manches Elend die Schuld trägt.

Dargelos verachtete uns alle miteinander. Um von ihm eine Gunst zu erlangen, wurden Intrigen geschmiedet, die der Memorialisten von Versailles würdig wären.

Ich habe vom »Schauplatz des Verbrechens« gesprochen. Gab es denn ein Verbrechen? Nach Erscheinen der *Kinder der Nacht* habe ich so oft gehört und gelesen, in dem Schneeball, den Dargelos warf, sei ein Stein verborgen gewesen, daß ich schon beinahe selbst davon überzeugt bin. Doch der Stein war ganz überflüssig. Ich habe immer gedacht, schon allein, daß ein Dargelos ihn berührte, genügte, um Schnee in Marmor zu verwandeln, um ihn zur mörderischen Waffe zu härten; in seinen Händen, schien mir, konnte er so gefährlich wie spanische Dolche werden. Dieser Schneeball steht am Ursprung eines Skandals, dessen Folgen das Handlungsgerüst meines Buchs bilden. Es umgibt ihn ein phosphoreszierender Strahlenkranz. Wie der Schlag einer Marmorfaust trifft er Paul auf die Brust. Die Statue kehrt daraufhin wieder in ihre Erstarrung zurück, und niemand fiele es ein, sie anzuklagen. Dargelos wischt sich die Hände an seinem wollenen Umhang ab, wirft seinen Schal über die Schulter, löst seinen Generalstab auf, schiebt die Zunge ein wenig zwischen den Lippen hervor, blinzelt mit einem Auge, hebt seine schwarze, lederne Schultasche auf und sucht über die Rue d'Amsterdam das Weite, überläßt sein Opfer seinem Schicksal.

Ich gehe so ausführlich auf diese Episode ein, weil sie vorzüglich beleuchtet, wie die Erinnerung ihre Bilder formt und verformt.

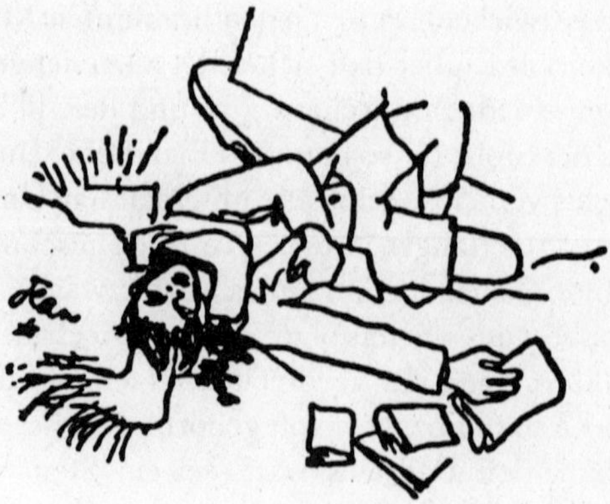

Dargelos hat meinen inneren Olymp nun verlassen, und wie der Zigeunergeiger aus dem Orchester vortritt, um zwischen den Tischen weiterzuspielen, ist er hinausgetreten und flößt zahlreichen unbekannten jungen Lesern Träume ein. Ich habe seinen Namen nicht verändert. Dargelos war Dargelos. Aus diesem Namen spricht der Dünkel wie eine programmatische Ankündigung. Wo lebt er wohl? Lebt er überhaupt noch? Wird er von sich hören lassen? Wird mir seine ironische Phantomgestalt, mit meinem Buch in der Hand, erscheinen?

Möglicherweise werde ich dann eine große Überraschung erleben und einen seiner Fabel entkleideten, untertänigen, arbeitsamen und schüchternen Dargelos vor mir finden, der, durch mich angeregt, mit Bedauern an all das zurückdenkt, was er im Lauf der Zeit wohl als Fehler betrachtet haben dürfte und vielleicht mittlerweile überwunden hat. Möglicherweise wird er mich bitten, ihm wieder zu seiner Macht und den Geheimnissen seiner Ausstrahlung zu verhelfen. Lieber wäre es mir, er bliebe in dem Schattenreich, wo ich ihn durch sein Sternbild ersetzt habe, bliebe für mich weiterhin die Verkörperung all dessen, was man weder lernen noch lehren kann, was sich dem Urteil und der Analyse entzieht, nie der Strafe verfällt, all dessen, was ein Wesen einzigartig macht, oberstes Sinnbild der wilden Kräfte, die in uns wohnen, die die Maschinerie des sozialen Lebens in uns zu töten versucht und die, jenseits von Gut und Böse, jene Individuen lenken, deren Beispiel uns mit dem Leben versöhnt.

VIII

Die Welt aus dem Halbschlaf betrachtet (...)

In einem Halbschlaf läßt die Kindheit die Ereignisse des Tages und die wechselnden Kulissen an sich vorüberziehen. Josephine, mein deutsches Kindermädchen, legte mich auf ihren Schoß, und eng zusammengekringelt kuschelte ich mich unter die Serviette. Ich verdaute meine Suppe. Fräulein Josephine aß, und welch ein Genuß war es doch, so unter der Serviette, im Halbschlaf der Kindheit, dem Abendessen beizuwohnen. Das Geräusch der Kinnladen und des Bauchs, die herabfallenden Krümel, die herzzerreißenden Seufzer, die sich unter der »Last der Verantwortung« den Gouvernanten entringen, das ganze, von Augenaufschlägen zum Himmel und erhobenen kleinen Fingern begleitete Schauspiel, wenn solch eine Dienstkraft zu Abend ißt, wirkte durch die Schicht von Wäsche und die Randbezirke des Traums gedämpft auf mich ein.

Unterwäsche und Schals und Decken und Hauben... Straßen, die man überquert, um sich im Schein einer magischen Laterne zu den Nachbarn zu begeben, der nächtliche Wald von Saint-Germain, andere Nächte auf Dampfschiffen und in Schweizer Seilbahnen, über tief unten in der Ferne schimmernden Seen, unter hoch oben atmenden Eismauern, nahe donnernden Wasserfällen, in Hotels, die nach dem Holz ihrer Böden riechen, an Zollkontrollen und im Bann der seltsamen Musik, die vom Dach und den Rädern der Eisenbahnwaggons her dringt. Ganz wie die Kindheit in den Armen der Mütter und von Traumgestalten gewiegt durch die weite Welt zieht, aus solchem Blickwinkel habe ich mir später zu meinem persönlichen Gebrauch die Ereignisse von damals aufs neue erfunden.

....

IX

Villefranche – Das Hotel Welcome – Nizza – Christian Bérard erfindet eine Mythologie (...).

Ich schreibe heute abend meinen Artikel im Hotel Welcome in Villefranche-sur-mer. Dieses Hotel ist ein Quell von Mythen, ein Ort, den die poesiebegeisterte Jugend in einen Altar verwandeln und mit Blumen schmücken müßte. Dichter unterschiedlichster Art und verschiedenster Sprachen lebten hier, und durch die Spannung zwischen ihren Kraftströmen wurde aus diesem außergewöhnlichen Städtchen, dessen Gewirr jäh am Wasser endet, ein wahres Lourdes, ein Mittelpunkt von Legenden und Erfindungen. Niemals werde ich vergessen, wie Christian Bérard dem Kubus, dem Blech und dem Kristall, die die Welt bedrohten, eine luftige Rumpelkammer entgegensetzte, zu der ihn – so erahnt man – Nizza angeregt hat, jene altmodische, wie einer Erzählung entsprungene Stadt des Karnevals, der Reiteraufzüge, der Blumenschlachten, des blauen Azurs, jene Stadt aus Gips und Gold, die man im Traum durchschreitet und die uns in Erstaunen versetzt durch ihren schmutzigen Prunk, durch das Rot ihrer Plätze, durch ihre Blumenbeete, ihre Gewölbe, die optischen Täuschungen und die Menschenmenge, die auf die weißen Stühle steigt, um dem Festzug der Wellen Beifall zu spenden. Statuen auf einem Bein an den Ecken der Dächer, sonnenschirmgeschützte Pferdedroschken, chinesische Läden,

kranke Engländer, russische Familien, raufende Kinder, Reigen tanzender Pierrots – kein Bühnenbild der italienischen Comedia dell'arte ist wohl mehr danach angetan, durch den Wachschlaf der Dichter zu geistern, als dieses Taschenspielertheater, dessen Kulissen das Städtchen Villefranche bildet. Ja, aus Villefranche, aus dem Hotel Welcome mit seinen blaßblauen Zimmern, die auf die Bucht hinausgehen, wo die amerikanische oder die englische Flotte liegt, mit ihren Bannern, den Fanfarenstößen wie aus Shakespeare-Stücken, mit ihren Jazz-Bands und ihren Hymnen, von daher stammt, was Christian Bérard die Jugend lehrte: die Wachsgesichter, die hinter roten Draperien lauschenden Büsten, die Frauen, die mit einem Finger auf den Lippen am Bett eines Schlafenden sitzen, die Bäcker der Mondlichtkasernen, die Kinderdiebe, die kleinen Mädchen, die hinter Klassenzimmertüren die Zunge herausstrecken, die Himmelskrüppel und all die anderen Wunderdinge, die in diesem Jahr 1935 Ihre Einsamkeit mit Leben füllen und das niemals hätten tun können, wären da nicht wir gewesen, unsere fröhliche Horde und das Hotel mit den anmutigen Balkonen aus Marmor und Eisen.

Wie still es ist heute nacht! Die Stadt schweigt, und unsichtbar schweigt das Meer, die hell erleuchteten Boote schweigen (ein wenig lauter, möchte man meinen, als das Meer), die Bojen schweigen, der Leuchtturm läßt sein Sprachrohr über die Hügel schweifen, und ein paar Grillen ahmen die geheimen Unterredungen der Sterne nach. Vier Jahre, deren ganze Kraft dem Willen, zu leben und Wunder erstehen zu lassen, gehörte, vier lange Jahre türmen sich zwischen dem Villefranche, wo ich nun diese Zeilen zu Papier bringe, und jenem Villefranche auf, wo wir zusammen lebten, wo ich *Orpheus* und die Gedichte von *Opéra* schrieb, wo ich auf dem Heimweg von Strawinsky die Straße nach Montboron entlangging, die Ohren noch vom Glanz der goldenen, gekräuselten, gelockten, geringelten Musik des *Oedipus Rex* geblendet.

....

X

(...) Mounet-Sully – Sarah Bernhardt – De Max (...) – Die heiligen Ungeheuer.

....

Theaterbesessen, wie wir waren, beherrschten zwei große Gestalten unsere Jugendzeit: Sarah Bernhardt und Edourd de Max. Ich komme auf die beiden, da ich gerade von Isadora Duncan sprach.* Was hatten sie denn mit gebührlicher Haltung, mit Takt und Maß zu schaffen, diese Fürsten des Ungebührlichen, diese Tiger, die vor aller Welt gähnen und sich die Lefzen lecken, diese auf den Schein der Kunst sich gründenden Elementarkräfte, die im Kampf mit einer Naturgewalt lagen, dem Publikum nämlich?

Mounet-Sullys Zeit ging zu Ende. Dieser alte blinde Löwe dämmerte in einer Ecke der Menagerie vor sich hin. Bisweilen ließ er sich zu einem meisterlichen Prankenhieb herbei: *König Ödipus*. Sarah und de Max traten oft zusammen auf; sie spielten gegenüber dem Châtelet-Theater, wo wir *Michel Strogoff* und *Les Pilules du diable* gesehen hatten.**

* [*Anm. d. Übers.:* Im hier ausgelassenen vorangehenden Abschnitt erzählt Cocteau von der amerikanischen Tänzerin Isadora Duncan, die gleichfalls in Villefranche im Hotel Welcome verkehrte.]

** [*Anm. d. Übers.:* D. h. sie traten im Théâtre Sarah Bernhardt an der Place du Châtelet auf, dem ehemaligen Théâtre des Nations, das die Schauspielerin 1898 in eigene Regie übernommen hatte.]

Wie tobte nicht der Saal, wenn sich nach dem Stück der gelbe Vorhang teilte, wenn sich die Tragödin dem Publikum stellte! Die Krallen der linken Hand hatte sie in ihre Brust gegraben, mit der rechten Hand hielt sie sich gestreckten Arms am Bühnenrahmen fest. Einem venezianischen Palast gleich, bemalt, vergoldet, groß in Szene gesetzt, abgestützt und herausgeputzt, neigte sie sich unter der Last der Halsketten und der Anstrengung, inmitten eines Taubenschlags von Beifallsstürmen: *La Sorcière, La Samaritaine, Phèdre, Andromaque!* ... Hermione ruht sich in ihrer Garderobe aus. Orest wird wahnsinnig. »Für wen sind – diese Schlangen – die – über euren Köpfen – zischen.« De Max keuchte, schüttelte die eigenen Haarnattern, ließ die Schleier von Loie Fuller flattern. Etwas wie ein ergreifender Klagelaut begleitete sein Spiel; wir hielten es lange Zeit für ein Geräusch aus den Kulissen, in Wirklichkeit war es nichts anderes als die Sirene des Passagierdampfers von der Anlegestelle am Châtelet.

De Max war ein genialer Tragöde. Ganz wie Isadora Duncan und Sarah Bernhardt wußte er nichts von Regeln und Formeln. Er suchte nach Worten, er erfand. Peinliche Berührung kam auf. Er war aus der Bahn geraten. Man fühlte sich beinahe verantwortlich für seine Fehler. Man wagte keinen Blick zu den Nachbarsitzen hinüber; dicke Schweißperlen standen einem auf der Stirn. Plötzlich schämte man sich der eigenen Scham. »Pst«-Gezischel brachte den letzten Lacher zum Verstummen. Mit zorniger Faust wurde de Max des Lächerlichen Herr und hielt sich im Sattel. Seine auftrumpfende Selbstherrlichkeit trug den Sieg davon und riß die Zuschauer im Galopp mit sich fort.

Wie könnte ich jemals vergessen, wie er in *Britannicus* den Nero spielte, diesen der Operette entsprungenen

Jean
Sarah

Nero mit Schleppe und Smaragdmonokel, der es einem fortan unmöglich machte, sich Nero in anderer Gestalt vorzustellen!

René Rocher war mit de Max bekannt geworden. Ich glaube gar, er hatte an seiner Tür in der Rue Caumartin geläutet, wenige Schritte von unserem Gymnasium entfernt, gegenüber dem Passage du Havre, wo man Stinkbomben und Nies- und Juckpulver erstand. De Max wies niemanden ab. Er gewährte Rocher Zutritt zu seinem Kreis, und trunken vor Stolz, nahm mich Rocher dorthin mit.

Wie der Ozean, dessen Gebärden, dessen Tosen, dessen grüne Färbung sich in ihm wiederfanden, wurde de Max »von den Müttern inständig gefürchtet«* (mit Ausnahme meiner eigenen, so vertrauensvollen, so vollkommenen Mutter). »Ihr Sohn kennt de Max, er ist verloren!« So hieß es allgemein, doch nichts daran stimmte; es gab keine schwarzen Messen, keine Orgien, keine junge Männer verschlingenden Fallen. Der private Lebensbereich von Edouard de Max ließ eher an die familiäre Atmosphäre eines Zigeunerwohnwagens denken, und sein Schlafgemach an das Ludwigs XIV. Er empfing seine Höflinge, seine Günstlinge, seine Favoritinnen (einen wahren Harem bezaubernder Frauen).

Von meinem ersten Besuch ist mir eine Photographie mit Widmung erhalten: »Ihren sechzehn Jahren, die in Blüte stehen, meine vierzig, die in Tränen zergehen.« Auch erinnere ich mich noch an eine bemerkenswerte Widmung von Mounet-Sully (sie zierte seine Bettnische): »Für de

* [*Anm. d. Übers.:* Zitat aus dem Gedicht *Océano Nox* von Victor Hugo; es ist in seinem Gedichtband *Les Rayons et les ombres* von 1840 enthalten. Bei Hugo fürchten die Mütter um ihre zur See fahrenden Söhne.]

Max von seinem bewundernswürdigem Bewunderer.« De Max war alterslos wie die Katzen. Dieser Häuptling, dieser Scheich, dieser dicke siamesische Kater, dieser schwarze Panther rollte sich im Halbdunkel zusammen, inmitten von schmutzigen Kissen und von Pelzen, unter denen wir mit raschem Blick das Kostüm des Hippolyt erkannt hatten.

Der Trödel in der Rue Caumartin bestand nämlich aus Theatermobiliar und Requisiten. Das Diadem des Heliogabal diente als Leuchter. Und um jeden Preis mußte man in Neros Sessel oder auf dem X von Ximenes Platz genommen haben.

Sehr viel später sollte ich dann den Trödel der Marquise Casati kennenlernen. Ihr Horn von einem Einhorn, ihre ausgestopften Boas, ihre bronzenen Hirschkühe, ihre mechanischen Tiger sind mir lieber als die artigen Kühnheiten der Mode, lieber als dieser gute Geschmack, der den schlechten Geschmack von gestern auf einen Sockel hebt und keinerlei Rätsel um sich verbreitet, nichts Sinnträchtiges birgt. Ein Zimmer gleicht seinem Bewohner. Es ist das Kleid der Seele, ein Kleid, das von unserer Seele verformt wird und dem sie rasch ihre Umrisse aufgeprägt hat. Sobald es sich über unsere Seele stülpt, wird das Zimmer zum Abdruck unserer tiefverwurzelten Gewohnheiten. Ordnung und Unordnung lassen sich nun einmal nicht nachahmen.

Wie gut kann man sich nicht eure Wohnungen vorstellen, Louisa Casati – nie haben Sie ein Auto gefunden, das hoch genug für Ihre Frisuren gewesen wäre –, Georgette Leblanc – mit Ihren Louis-Quinze-Absätzen traten Sie hinter Maeterlinck in die Pedale –, Jane Catulle Mendès – Sie trugen immer Ihr Kleid mit Schleppe, wenn Sie vormittags Ihre Einkäufe erledigten ...! Ich liebe und ich achte euch, ihr wunderbaren, exzessiven Frauen, ihr charmanten Orkane, ihr Vorläufer der Stars!

Die Unordnung bei de Max war unauflöslich mit seinem Stil, mit seinem Spiel, mit den Launen einer orientalischen,

heißblütigen und freigiebigen Natur verbunden. In dieser gefürchteten und bespöttelten Wohnung, die ein Abguß seiner Seele schien, fanden wir nie etwas anderes als ein Muster an edelmütiger Haltung.

Marie, die alte Hausgehilfin mit so grauen Strähnen wie Guanhumara, öffnete die Tür zum Vorraum. Der Gast schritt durch eine Flucht von Zimmern, die an die Umkleidegarderobe der Gebrüder Fratellini, an den Laden eines Tierpräparators, an das Studierzimmer eines Coppelius oder eines Faust gemahnten. Auf einem blaßgrün lakkierten Klavier, an dem sich rosa Rosen als Schnitzereien emporrankten, türmten sich, schwer eingebunden wie Meßbücher, die Werke von Verlaine, Baudelaire, Verhaeren und Gide. Zwischen gewundenen Säulen, gotischen Truhen und Kirchenkerzen hindurch mußte man sich seinen Weg suchen. Vier Stufen führten zum Badezimmer in pseudo-pompejanischem Stil; rechts gab ein Fenster den Blick auf ein düsteres Pariser Gärtchen frei, auf die tote Schlange des Gartenschlauchs, toten Rasen und Kasernenmauern. Die Schlafnische war durch einen Mauerbogen vom Schreibtisch getrennt; dort tauchte de Max seine Feder in das Maul einer Fayence-Kröte. Er schrieb mit violetter Tinte, in hoher, spitzer Handschrift, und benutzte Goldstaub zum Trocknen. Eine kleine Schale enthielt sein Vermögen, das er an Leute verteilte, die es nötiger hatten als er.

Wenn er ausging, zeigte er sich in einem perlgrauen Anzug aus geripptem Samt, steckte eine graue Perle an seine Krawatte aus schwarzem Satin, schob die große graue Perle seiner Melone schräg übers linke Ohr, zog perlgraue Handschuhe an, bestäubte sein graues Doppelkinn mit perlenem Puder, benetzte seine schwarzumrandeten Augen mit Speichel, trat dann auf kleinen Lackstiefeletten mit perlgrauem Schaft vor die Tür, ging über den Hof, stieg in das Schaufenster seiner »Elektrischen« und stellte, steif dasitzend, den Münzensammlern die Medaillenprägung seines Profils zur Schau, während er schweigend dem Bois de Boulogne entgegenrollte. Unbeweglich, das Auge zum Himmel gewandt, am Ansatz des Nasenflügels einen Schönheitsfleck und mit bitterem Mund, umrundete er den See und kehrte auf demselben Weg wieder zurück. Abends

trat er in Stücken mit acht Aufzügen von Ferdinand Hérold und Paul Vérola auf: *Buddha, Ramses II*... und was weiß ich noch alles; denn Helden und Legenden waren immer danach angetan, seinem besessenen Hang zu Pose und Kostümierung neue Nahrung zu geben.

....

Dieser großherzige Mensch hat, neben manch anderem geschmacklichen Fehltritt, auch den begangen, daß er meine ersten Gedichte bewunderte und förderte. Im Femina-Theater organisierte er eine Veranstaltung, die meinen Versen gewidmet war, und bezahlte alles aus seiner eigenen Tasche. Auf seine Bitte hin kamen die berühmtesten Schauspielerinnen. Laurent Tailhade kämmte seinen grauen Schopf, der dem des Stiftsherrn Mugnier glich, schraubte Glasauge und Monokel ins Gesicht und verlas einen einleitenden Vortrag, in dem er alle damaligen Dichter in Grund und Boden stampfte. Mich allein ließ er unangetastet.

Trotz allem bleibt festzuhalten, daß mit dieser Veranstaltung mein Weg seinen Anfang nahm, und allein die Anstrengungen, die ich später aufwenden mußte, damit man sie vergaß, würden genügen, sie mir unvergeßlich zu machen. Doch letzten Endes hat mir de Max geholfen. Er las weiter, als meine Dummheiten reichten, er erahnte eine verborgene Kraft und nötigte mich damit, mich selbst zu bezwingen, lehrte mich, daß sich Größe schlecht mit feinen Nuancen verträgt.

Seid gegrüßt, Isodora Duncan, Mounet-Sully! Seid gegrüßt, Sarah Bernhardt und de Max! Zu diesen Giganten würde als Wahlspruch jene Antwort eines Indianerhäuptlings passen, dem man im Weißen Haus bei Tisch vorhielt, er esse ein wenig zuviel: *A little too much is just enough for me.* »Ein wenig zuviel ist gerade genug für mich.«

XI

Ich wünschte, Sie könnten sie hören – Catulle Mendès – Das Mahl der Atriden – Schéhérazade – Mendès' Tod – Seine Ähnlichkeit mit Heinrich Heine.

Der Blinde ist eine Tragödienfigur, der Taube eine Figur der Komödie. Mit einem (im wörtlichen Sinne) blinden Ehemann werden Sie niemanden zum Lachen bringen, und ein tauber Ehemann rührt keinen. Und doch sind die Tauben in stärkerem Maße eingeschlossen, aus dieser Welt verjagt als die Blinden und sind trauriger als diese. Es gibt fröhliche Blinde, Blinde, die sich zu vergnügen wissen; der Taube hingegen trägt eine unheilbare Melancholie mit sich herum. Wenn man es sich überlegt, scheint es nicht schwierig, sich mit Hilfe der Augen in die Vergangenheit zurückzuversetzen. Bei den Ohren liegt der Fall anders. Man kann sich recht gut das Bild ausmalen, das die Tafel Ludwigs XIV. bot; das Stimmengewirr, die Art, wie man plauderte, scherzte und lachte, entzieht sich uns indes. Man kann sich einen Platz in Athen an einem Festtag vorstellen, wenn die Damen um sechs Uhr morgens beim Hahnenschrei zur Uraufführung der *Antigone* im Theater eintreffen; die dazugehörige Geräuschkulisse sich auszudenken ist unmöglich. Eine zukünftige Zeit wird diese Leere durchforschen und Bruchstücke von Fanfarenstößen, schwatzenden Menschenmengen, deklamierenden Rednern ausgraben. Das Schweigen der Vergangenheit bedrückt uns, und die Musik der Griechen bleibt uns ein Rätsel.

Falls Sie über den Stil der Zeichnungen, die diesen Artikel begleiten, erstaunt sind, so müssen Sie wissen, daß ich keinerlei Karikaturen von damals heranziehe; ich zeichne aus dem Gedächtnis, ich versuche meine Feder beim Schreiben und beim Zeichnen im selben Rhythmus schwingen zu lassen. Einfach ist diese Arbeit nicht, und wenn ich zögere, wenn von den Gesichtern, von denen ich spreche, nur ein nebulöses Abbild überdauert hat, dann bemühe ich mich darum, Züge herauszuarbeiten, die meiner Erinnerung möglichst nahekommen. Wie machtlos ist doch die Feder! Eine Skizze gibt nur wenig her. Ich wünschte, ich könnte Ihnen Farbe und Fülle der erloschenen Stimmen vermitteln, könnte dieses unerträgliche Grab der Laute aufbrechen, könnte den Jahren von ehedem mehr als bloße Silhouetten entreißen und Sie, durch ich weiß nicht was für einen Zauberspruch, das Ha-ha-ha hören lassen, mit dem Catulle Mendès den geringsten seiner Sätze begleitete, das gedämpfte Organ Edmond Rostands und das vom Bart und einer Hand in weißem Handschuh unterstrichene Lachen, mit dem sich Proust das Gesicht bekleckerte.

Catulle Mendès habe ich nicht lange vor der Veranstaltung im Femina-Theater kennengelernt, die de Max organisiert hatte – mein Onkel Raymond Lecomte, der die »Theaterbagage« verachtete und am korrekten Gebrauch des Adelsprädikats festhielt, bezeichnete ihn hartnäckig als den »Schauspieler Max«. Mendès war in seinen Augen der Gipfel des Unmöglichen, und er nötigte meine Familie, dieses Verdikt zu teilen. Ich bewunderte Mendès also insgeheim und wagte nicht, mit einer Neuigkeit herauszu-

Jean
Catulle
mendès

rücken, die meine Nerven auf eine harte Probe stellen sollte: Nach der Veranstaltung im Femina-Theater hatte mich Catulle Mendès in seine Wohnung am Boulevard Malesherbes zum Mittagessen eingeladen. Solch ein Ereignis für mich zu behalten und den vereinbarten Zeitpunkt abzuwarten machte mich beinahe krank. Endlich kam dann der Tag, an dem ich mich zu Mendès begeben sollte. Zuerst aber muß ich versuchen, Ihnen den von den Dramaturgen so gefürchteten Kritiker des *Journal* zu beschreiben, der auch selbst Dramaturg und ein berühmter, wenngleich wenig gelesener Dichter war.

Während jener langen undankbaren Phase der Flegeljahre, wenn der Jugend nichts gut genug sein kann und sie sich gegen ihre Lehrmeister kehrt, ist es schon vorgekommen, daß ich mich über Catulle Mendès lustig gemacht und von ihm ein liebloses Bild gezeichnet habe. Ich bedauere das und möchte hier nun seinen Schatten um Verzeihung bitten. Nirgends könnte ich das besser tun, nirgends könnte ich mich besser vor ihm verbeugen als in diesen Porträtskizzen, die ganz den Erinnerungen des Auges gewidmet sind und in denen ich ausdrücklich die intimeren Erinnerungen beiseite lasse, die uns im Augenblick unseres Todes bestürmen.

Gewiß, die Wimpernpalisade einer Greta Garbo, die Kleider, die Marlene Dietrich im Shanghai-Expreß trägt, und die jugendlichen Männeranzüge, in denen sich diese Künstlerinnen im Privatleben zeigen, prägen eine neue Romantik. Gewiß, Hollywood mangelt es nicht an heiligen Ungeheuern. Aber heilige Ungeheuer in Fleisch und Blut sind selten geworden, und die heutige Jugend wird meines Erachtens nichts mehr zu sehen bekommen, das sich der Erscheinung eines Catulle Mendès und seiner Frau, eines Ernest La Jeunesse, eines Jean de Bonnefon und seines mit

Sarah dans le rôle
de Cyrano
qu'elle joua pour la représentation
en l'honneur de Mendès

tausend waffelartigen grauen Löckchen geschmückten Haupts vergleichen ließe.

Catulle Mendès auf den Gängen während einer Theaterpause! Ich wage es kaum, das zu beschreiben, und zuvorderst will ich das Publikum vor einem Fehler warnen: Plastische Hervorhebung darf nicht mit Übertreibung, das Schwarz einer Radierung nicht mit Anschwärzung verwechselt werden. Ich möchte betonen, welche Bewunderung und Achtung ich dieser verstorbenen Gestalt entgegenbringe, die die erhabenen Ruinen der Romantik und den Purpur ihrer Götter hinter sich im Schlepptau führte.

Catulle Mendès war dick und ging leichtfüßigen Schrittes einher. Dabei wiegte er sich in den Hüften und schaukelte mit den Schultern. Eine Bö im Rücken trieb ihn blindlings vorwärts wie ein Luftschiff. Überrascht machte ihm die Menge Platz, wenn er seines Weges zog. Er hatte etwas von einem Löwen und von einem Butt. Seine Gesichtszüge mit den Backen, den Augen, dem kleinen halbmondförmigen Mund eines Fischs schienen in einer gallertartigen Masse gefangen, die ihn auf Entfernung hielt und eine geheimnisvolle, durchsichtige, wabbelnde Schicht zwischen ihn und den Rest der Welt schob. Von einem Löwen hatte er die rötlichen Löckchen, Schneckelchen und Schnurrbarthaare, die stolze Mähne und auch den Schwanz; den vertrat der schwarze Frackschoß, der unter dem beigegrauen, unordentlich links und rechts zur Seite geschlagenen kurzen Hausrock hervorsah. Der rote Fleck der Ehrenlegion prangte auf diesem Hausrock, der den Blick ungehindert über den steifen Hemdvorsatz mit den Kaffeeflecken wandern ließ, über die weiße Lavallière, den Frack, den Hemdstreifen zwischen der Frackweste und der Hose mit zahlreichen Faltenwülsten, die die winzigen spitzen Stiefeletten bedeckten. Eine entzückende Hand, bleich und fett, führte ein Spazierstöckchen, wie Charlie Chaplin es trägt.

Den Zylinder ins Genick geschoben, mit Augen wie eine Gipsbüste, die Locken auf den hohen, schmalen Schultern liegend, die Ellbogen eng am Körper und mit aus den Ärmeln hervorschießenden Manschetten, so kam Catulle Mendès, furchterregender Verwahrer seiner am nächsten Tag erscheinenden Orakelsprüche, hinter seinem Bauch einhergegangen – eine großartige und wie schwerelose Galionsfigur, die die Zuschauerwogen durchschnitt. Eskortiert wurde er von Madame Mendès. Sie war groß und bemalt wie ein Götzenbild; hinter dem Aquarium ihrer Schleier und mit dem Troß schäumender Spiralen, den ihre Pagodenärmel und Schleppen bildeten, glich sie einem zauberhaften japanischen Zierfisch.

De Max hatte mich zu dem Paar mit hingezogen. Mendès und seine Frau waren im Mittelpunkt des allgemeinen Wirbels stehengeblieben. De Max stellte mich vor; seine berühmte Stimme drang durch die Schichten, die Mendès für schüchterne Menschen in unerreichbare Ferne rückten. Da wandte sich Mendès an mich und ließ dabei sein unnachahmliches Ha-ha-ha ertönen: »Junger Mann, kommen Sie nächsten Mittwoch zu mir und teilen Sie mit mir mein Omelette!«

Sie können sich vorstellen, daß ich es am Mittwoch nicht lange zu Hause aushielt und zu früh eintraf. Ich läutete. Eine Hausangestellte öffnete mir die Tür und fragte, was ich wünschte. Mehr tot als lebendig murmelte ich, ich käme zum Essen, ich sei vom Herrn des Hauses eingeladen. Die Bedienstete ließ mir meinen Hut und schob mich in ein dunkles Zimmer. Nach und nach traten aus dem Schatten Gegenstände hervor. Sehr schlichtes chinesisches Mobiliar, eine Bronzeskulptur auf dem Kamin. Zwischen dem Fenster und dem Kamin ein prächtiges Bild: Banville, von Renoir gemalt.

Ich wartete und wartete. Endlich eine Tür, die ins

Schloß fiel. Gedämpfte Stimmen beredeten sich ... und die schreckliche Gewißheit überkam mich, daß Mendès gerade nach Hause zurückgekehrt war und mich vergessen hatte. Zu fliehen war es zu spät. Ich blieb noch lange allein. Mit einem Mal ging eine Tür auf, auf die ich nicht geachtet hatte, und Mendès erschien. Diese Erscheinung nahm sich höchst seltsam aus, denn Mendès trug eine Larve, eine richtige Karnevalsmaske, mit einem fein gehäkelten künstlichen Bart daran. Er entschuldigte sich, gestand, daß er mich vergessen hatte, doch ich solle sein Menü mit ihm teilen, und er erklärte mir, er sei am Tag zuvor auf dem Boulevard Malesherbes gestürzt. Die Maske halte ihm das Pflaster auf der Nase.

Wir begaben uns zu Tisch. Seine Speisezimmer in Paris und in Saint-Germain hatte Mendès mit einem Vogelkäfig geschmückt. Er war verrückt nach Vögeln, er sammelte sie und rief sie bei ihrem Namen. Die Vögel kamen aus ihrem Käfig heraus, flatterten um die Anrichten, zwitscherten und pickten auf der Tischdecke herum.

Der deutsche Apotheker Schliemann hat sich den Luxus geleistet, die Gräber von Mykenä aufzureißen und sich die stehend beerdigten Atriden mit ihren Goldmasken anzusehen. Kaum war er in den Genuß dieses kostspieligen Schauspiels gekommen, schwanden die berühmten Leichname zu Staub geworden dahin. So habe ich während der Begegnung mit diesem Mann, der sich zusehends öffnete, je mehr Flaschen sich leerten, die großen Schatten eines Baudelaire, eines Nerval, eines Rimbaud, eines Verlaine vorüberziehen sehen. Wie die Atriden bildeten sie leider nur mehr einen Goldstaub, einen Nebel, durch den hindurch es ihre Gestalt zu erraten galt. Einerlei – niemals werde ich dieses Mittagsmahl vergessen, dieses Omelette, das Ha-ha-ha des Hausherrn, der in einem fort redete, mit den Armen fuchtelte, falsche Jahreszahlen und Anekdoten einflocht und doch aus seinem wirren Gedächtnis ein Gefolge toter Könige heraufsteigen ließ.

Von nun an sollte ich jeden Samstag bei Catulle Mendès in Saint-Germain zu Mittag speisen, stets begleitet von denselben Vögeln und den gleichen Wiederauferstehungen im Bann der Worte. Um vier Uhr rüstete sich Mendès zum Ausgang, er spritzte sich Arzneien in die Augen und in die

Schenkel, direkt durch den Hosenstoff, und besprengte sich brüllend mit Weinessig. Hatte er sich dann in Gang gesetzt, nahm er den Zug und machte erst wieder halt, wenn er die Terrasse eines Cafés an den Boulevards erreichte.

Sein Tod erfüllte mich mit Bestürzung. Nach einem Abendessen bei Freunden, den Oppenheims, wo er, aus ich weiß nicht welchem Grund in seinem Stolz verletzt, nichts getrunken hatte, war er in unnormalem Zustand aufgebrochen; auf dem Heimweig dann hatte er den Tunnel mit seinen Lampen für den finsteren Bahnsteig gehalten. Er stürzte, und die Züge zermalmten ihn.

Ich begab mich ins Hotel Meurice, um die Rostands von der Tragödie zu unterrichten. Ich war damals eng mit Maurice befreundet. Er, François Bernouard und ich hatten eine Zeitschrift gegründet: *Schéhérazade*. Auf dem Titelblatt war eine nackte Sultanin von Iribe abgebildet, und *Schéhérazade* darf als die erste der Dichtung gewidmete Luxuszeitschrift gelten. Maurice und ich, wir wären die »junge Künstlergeneration« jener Zeit gewesen; aber die Ära der jungen Künstler, die Raymond Radiguet eröffnen sollte, war noch nicht angebrochen. Wir hielten uns für Byron und Shelley und dachten, dazu genügte es schon, von Oxford zu reden und im offenen Wagen an einem sonnigen Apriltag die Champs-Elysées entlangzufahren.

Eine Menschenmenge strömte in den Garten von Saint-Germain und in die Vorhalle des Hauses. Mendès lag in einem kleinen Zimmer aufgebahrt, in dem die Bände der Enzyklopädie Larousse standen. Über den verstümmelten Körper war ein Leintuch gebreitet, und Kerzen beleuchteten ein Gesicht von bewundernswürdiger Schönheit. Das Gesicht eines Toten findet seine jugendlichen Züge wieder.

Maurice
Rostand
Jean

Die Maske von Napoleon auf Sankt Helena zeigt uns die Backenknochen und das Profil Bonapartes. Der tote Mendès ähnelte Heinrich Heine, und mir kam eine Anekdote in den Sinn, die ich ihn hatte erzählen hören: Als junger Mann habe er Madame Heine einen Besuch abgestattet; sie sei in Ohnmacht gefallen, da sie glaubte, der Krüppel habe den Gebrauch seiner Beine wiedererlangt und könne gehen – so frappierend sei die Ähnlichkeit gewesen.

XII

(...) Die Kaiserin Eugénie – Schattenaudienzen.

....

Durch Lucien Daudet habe ich in Cap Martin die Kaiserin Eugénie kennengelernt; wir wohnten dort mit unseren Müttern in einem Hotel. Die Kaiserin besaß die Villa Cyrnos; sie lag in einem der jäh abfallenden Gärten, zwischen dem von quakenden Fröschen heimgesuchten Grundstück der Madame D. und dem von Maria Star. Auf der einen Seite der Mauer macht Maria Star (das Pseudonym von Madame S.) in den Meßgewändern und mit den Ketten, Ringen und Gehängen, dem Krummstab und der Leibesfülle eines babylonischen Bischofs ihren Spaziergang; auf der anderen Seite der Mauer lebte die bewegendste Frau des Jahrhunderts, die so gar nicht in unsere Zeit passen wollte.

Das Alter tritt ab, und die Jugend hat ihren Auftritt, beide kreuzen sich an der Schwelle. Solch ein Augenblick scheint kein Ende zu nehmen, verharrt in einer erschreckenden Menuettfigur, in zeitentrückte Nacht versunken. In einem Händedruck fügen sich da die Glieder einer nicht abreißenden Kette aneinander. Ich mußte meine Schüchternheit und meine Faulheit bezwingen, um mich von Lucien, einem wahren Knappen an dem kleinen Hof von Cyrnos und Farnborough-Hill, zu der Kaiserin führen zu lassen. Glühende Hitze brütete über den Gärten.

Die Zikaden zirpten wie Fieberbrausen und schrillendes Quinin. Das Meer schimmerte und beleckte das Ufer.

Tarqinius Superbus, heißt es, peitschte die Mohnblumen und mähte ihnen die Köpfe ab – ein Sinnbild seines Tatendrangs. Die Kaiserin, für ihren Teil, haßte Blumen. Mit ihrem Krückstock pflegte sie auf sie einzuschlagen und sie vor sich aus dem Weg zu fegen. So gingen wir durch einen ausgedorrten Garten, der nur aus Felsen und Kakteen bestand, durch einen echten spanischen Garten voller starrer Pflanzen, die mehr mit Stacheldolchen gespickt waren als die spanischen Madonnengestalten.

Allmählich begann ich schon die Fassung zu verlieren und bekam es mit der Angst zu tun, mußte doch nun jeden Augenblick die Erscheinung vor mir auftauchen (die Kaiserin machte einen Spaziergang, und wir gingen ihr entgegen); ein Bild wie Winterhalters Dekamerone malte ich mir aus: die Kaiserin im Kreise ihrer Hofdamen, die ungleich weniger Vertrauen einflößen als die Grenadiere der Hofgarde. Doch dann war es soweit – rasch, unerwartet, schwarz und klein wie ein Unfall fand die Begegnung statt. Und wie bei einem Unfall sah ich das Hindernis in Zeitlupe auf mich zukommen, hatte noch genügend Zeit, meine Nerven unter Kontrolle zu bringen, um im entscheidenden Moment keinerlei Gefühl zu verspüren und nicht den Kopf zu verlieren.

An der Biegung eines Alleenwegs trat die Kaiserin hervor. Dann erschienen auch Madame de Mora und der Graf Clary, die sie begleiteten. In eine Art Soutane gekleidet, einen Pfarrershut auf dem Kopf und auf einen Krückstock gestützt, kam sie gleich einer Ziegenfee heraufgeklettert. Als erstes fiel mir auf, wie wenig Raum sie einnahm, sie wirkte geschrumpft wie die mumifizierten Köpfe, diese Trophäen der wilden Stämme, die ihren Sohn getötet hatten; sie war ein Tintenfleck im hellen Licht der Sonne. Und mir wurde klar, daß von dem Freiballon nur noch der ausgebrannte Benzinbehälter übriggeblieben war, das schwarze Herz des Mohns. Ich konnte sie nicht wiedererkennen, denn es fehlte etwas um diese Frau: die Krinoline, das Jäckchen, der Spenzer, die flatternden Hutbänder, der sich wiegende, ausladende Strohhut, der Wiesenblumenkranz und der winzige Sonnenschirm aus durchbrochener Spitze.

Das Gesicht ist noch das gleiche. Es hat seine feine ovale Form bewahrt. Eine unglückliche junge Frau, so scheint es, hat allzu lang ihr Gesicht in den Händen vergraben, und mit der Zeit haben die Linien ihrer Hände dort ihren Abdruck hinterlassen. Das Himmelblau der Augen ist geblieben, doch der Blick hat sich verdünnt: blaues Wasser nimmt forschend den Besucher ins Visier. Dieses Blau, das der schwarze Lidschatten noch unterstreicht, läßt an die tätowierten Augen junger Matrosen denken, die man ins Straflager verbannt hatte und die nun als alte Männer wieder die Freiheit erlangten. Überrascht bemerkt man, daß diesen alten Männern die unauslöschlichen Zeichen zorniger Schönheit ins Gesicht geschrieben sind.

Die Kaiserin bleibt stehen: das blaue Wasser mustert mich. Lucien stellt mich vor. »Orden kann ich den Dichtern zwar keine mehr verleihen«, sagt sie, »aber passen Sie auf, ich gebe Ihnen dafür das.« Mit einer flinken Handbewegung reißt sie ein Büschel weißer Seidelbastblüten ab, reicht sie mir, sieht zu, wie ich sie mir ins Knopfloch stecke, und setzt ihren Spaziergang fort. »Kommen Sie mit!« Ich gehe neben ihr her. Sie stellt mir Fragen über den Tanz, über Isadora Duncan und das Russische Ballett. Sie erzählt mir von einem Feuerwerk, das den Abend zuvor am Cap d'Ail gegeben wurde. Sie bleibt stehen und bricht mitunter in Lachen aus. Diese Stimme, dieses Lachen, das rasch erstickt und sie nach hinten schleudert, wo habe ich das nicht schon gehört? Bilder von Stierkampfarenen werden in der Erinnerung wach – es ist das Lachen der jungen Eugénie de Montijo, ein Lachen und Gicksen, das den schüchternen Napoleon III. erschrecken und faszinieren mußte, ein Lachen und Gicksen, wie es allen jungen Spanierinnen eigen ist, wenn sie mit ihren Bocksfüßen stampfen und mit ihren Fächern klatschen, um dem Torero zuzujubeln, der gerade den Stier tötet.

»Hinter ihrem Gefolge einherschreitend« – der alte Scherz würde in Cyrnos schwerlich Sinn machen. Die Kaiserin treibt ihre Leute zur Erschöpfung, trottet dahin, wundert sich, wenn jemand über Müdigkeit klagt, schlägt mir vor, mich ein Stück Wegs zurückzugeleiten.

Als ich mich von ihr verabschiede und sie mich einlädt, bald wiederzukommen, sehe ich, wie über ihr ganzes Gesicht, über diese ganze schmale, trauerumflorte Gestalt ein Anflug von Jugend blitzt, als huschte über sie der kleine gezackte Strahl einer Eidechse, die Leben in die Ruinen bringt.

Im Hotel Continental habe ich die Kaiserin wiedergesehen; einige Hohlköpfe meinten ihr vorwerfen zu müssen, daß sie gerade dort, gegenüber den Tuilerien, logieren wollte. Was ist denn von der Vergangenheit übriggeblieben, das diese Frau, die bereits mehrere Male gestorben ist, noch berühren könnte? Eine Gewohnheit. Und mächtiger als alles andere ist die an ein bestimmtes Viertel.

Das Continental hat den alten Stil bewahrt. Die Elektrizität versteckt sich unter den Glaskugeln von Gasleuchtern. Lucien Daudet weist mir den Weg durch die Vorhallen, an den Rokokomöbeln und den samtbezogenen Kanapees vorbei. Es öffnet sich eine braune, mit schmalen Goldleisten verzierte Tür. Am Ende eines riesigen Salons sitzt die Kaiserin und wärmt sich auf, zu ihren Seiten die alte Gräfin von Pourtalès und der Herzog von Montmorency, ein alter Herr, bis auf die Faser abgenutzt, mit Leichenmiene, von Moosen und Flechten überzogen, den Zylinder unterm Arm, umwerfend elegant und von berückender Haltung.

Die Kaiserin hat erfahren, daß die Frauen heutzutage farbige Perücken tragen. Sie fragt mich diesbezüglich. Ich antworte ihr, das sei richtig, allerdings würde ich nur selten jene Örtlichkeiten aufsuchen, an denen man ihnen gewöhnlich begegnet. Die Gräfin von Pourtalès empört sich: »Farbige Perücken! Diese Närrinnen!« Abrupt wendet sich ihr da die Kaiserin zu. »Meine Teuerste, wir haben uns ja auch so allerlei einfallen lassen!« ruft sie. Und da die alte Dame, soweit sie ihrer Herrscherin widersprechen darf, das nicht zugeben will, macht die Kaiserin sich daran, mit rauher Stimme und jugendlichem Elan unerbittlich ihre einstigen Tollheiten aufzulisten. Die von Goyas Infantinnen inspirierte Krinoline, die vorspitzenden langen Unterhosen, die Quastenstiefel, nichts läßt sie aus. Und zum Abschluß setzt sie hinzu: »Sie, meine Teuerste, hatten in Ihrer Kutsche Spiegel mit darauf gemalten Rosen.« Die Gräfin ringt nach Luft: »... Mit Rosen! – Mit darauf gemalten Rosen!« Die Kaiserin amüsiert sich köstlich. Sie geht ins Detail, beharrt auf ihren Behauptungen. Der Herzog stimmt ihr vollkommen zu, denkt an die Skandale, die Anfälle unbezwingbaren Lachens und so manch exzentrisches Gebaren von ehedem zurück. Und ich halte den Atem an, wage nicht die geringste Bewegung, aus Furcht, eine ungeschickte Geste könnte diese erstaunliche Szene unterbrechen, könnte die Schublade der Kaiserin mit einem Stoß wieder in ihrem Fach verschwinden lassen und wie ein Hahnenschrei die Schatten vertreiben.

XIII

Simone und Trie-Château – Anna de Noailles – Die Gräfin spricht (...) – Unsere Streitereien – Der Totenfluß.

Lucien Daudet, Mauriac und ich bildeten ein verschworenes Gespann, man sah uns ständig zusammen. Eines unserer Hauptvergnügen waren die Treffen der Dichterinnen aus der besseren Gesellschaft. Wir versäumten kein einziges. Jeden Dienstag versammelten sich alle diese Bacchantinnen bei der Herzogin von Rohan, deren eigenartiges Genie einen Max Jacob, einen Claudel, einen Proust so beeindruckte, daß sie einige ihrer Verse auswendig konnten.

Dorchain hatte in den *Annales* gerade einen Artikel veröffentlicht, in dem er über diese Damen sprach. Abgesehen von der Gräfin de Noailles, sagte er, sind sie alle Amateure. Dieser Artikel verschlug ihnen den Atem. Umringt von der federgeschmückten Schar ihrer Kolleginnen, rief die Baronin von B.... und ließ dabei kräftig die R rollen: »Amateure! Wir und Amateure! Wo wir unsere Füße schon nicht mehr an unseren Fingern abzählen können!«

Vor der Gräfin de Noailles sollte ich erst Madame Simone kennenlernen, und das war nur folgerichtig. Niemand konnte besser auf die Begegnung mit der Dichterin vorbereiten als die Schauspielerin, die sich in ihren Dienst gestellt hatte und ihre Verse rezitierte. Zudem hatte Simone mit der Gräfin eine ungewöhnliche Redegabe gemeinsam: Mit klarer und warmer Stimme, im tiefen Register des Alt und präzise wie eine Nähmaschine, bald ihren Vortrag beschleunigend, bald auf bestimmten Konsonanten verweilend, beherrschte die große Schauspielerin von Bernsteins Theater meisterhaft die Kunst des Erzählens und Beschreibens, konnte vor Augen erstehen lassen, was sie gesehen hatte. Wie alle, die über einen geschärften Blick verfügen und deren Zuhörer immer glauben, sie erfänden ausschmückende Einzelheiten, besaß sie einen genialen Sinn für Genauigkeit, die gerade den wahrhaft Phantasiebegabten so sehr am Herzen liegt. Man wird Ihnen vielleicht erzählen, Madame de Noailles habe nie jemandem zugehört. Das ist falsch. Sie und Simone waren großartige Zuhörerinnen. Sie wußten göttlich mit jener Höflichkeit der Könige umzugehen, die darin besteht, den anderen Gehör zu schenken. Stets bereit, wie sie es waren, ihren Gesang und ihr Feuerwerk wieder aufzunehmen, zu was wäre es da nütze gewesen, schon an den eigenen Part zu denken, solange noch ein anderer das Wort führte? Sie konnten ganz Ohr sein; die Gräfin verzog das Gesicht, als wäre sie schwerhörig, und strich ihr schwarzes Haar hoch, um sich der Hand als Hörmuschel zu bedienen; Simone unterbrach ihre Pausen mit einem »Nein?«, einem »Nicht möglich!«, einem »Ja so etwas!«, kleinen Einschnitten in den Erzählfluß des Redenden, die ihn anfeuerten und eine nicht erlahmende Aufmerksamkeit unter Beweis stellten.

Und das Lachen! Die unbezwingbaren Lachanfälle! Was haben wir nicht zusammen gelacht! Ich erinnere mich an einen Aufenthalt in Trie-Château, dem Landsitz der Casimir-Periers, wo die Lachkrämpfe kein Ende nahmen, immer wieder von neuem begannen, bis uns die Rippen schmerzten und die Muskeln sich verkrampften; noch auf dem Weg in unsere Schlafzimmer konnten wir nicht anders und mußten uns auf den Treppenstufen niedersetzen. Alain-Fournier brachte damals gerade *Le Grand Meaulnes* heraus, und Simone war es, die seine Träume, diese Träume eines Kurzsichtigen, lenkte.

...»All das Lachen, das nie mehr wiederkehrt«... Es ist glühend heiß. Das Gras rauscht. Der Bach fließt dahin. Ich liege auf dem Bauch am Ufer des kühlen Wassers, und wen sehe ich da vor mir? Claude Casimir-Perier – er ist nun schon lange tot; Alain-Fournier – auch er tot; und Péguy – tot. Sie lachen, wir alle lachen. Simone spricht und hört zu. Ein übelerregender Wirbelsturm droht über uns hereinzubrechen.

... Ist das tolle Lachen verklungen, werden zuweilen die Fenster fahl; mit dem Zwielicht der Dämmerung kehrt Ruhe ein. Dann ergeht sich Péguy in Strophen und Aberstrophen von Hugo. Ist er fertig, setzt Simone ein. Mit gesenktem Blick, die Hände über den Knien gefaltet, trägt sie eines der weit ausgreifenden Gedichte vor, die jeder Student auswendig kennt: Tu seras mort ainsi que David, qu'Alexandre ...

Wer hätte ahnen können, daß die beklommene Stimmung in *Meaulnes*, daß der schlafwandelnde Akrobat Franz de Galais, daß die »Eugens« aus dem *Potomak*, die ich teils in Offranville bei J.-E. Blanche, teils in Trie-Château zeichnete, warnende Vorzeichen schlimmsten Unheils waren?

In einem Wagen hatte mich Simone mit Anna de Noailles bekanntgemacht. Sie kam gerade aus irgendeinem Vortrag. Ich muß gestehen, zu Anfang wußte ich kaum, wie mir geschah. Denkbar versiert in der Kunst, sich glanzvoll in Szene zu setzen und eine Rolle zu spielen, bot mir die Gräfin, nachdem ich dank der Vermittlung Simones eine Art Vertrauensvorschuß genoß, ohne die geringste Überleitung ein Schauspiel, das ihre Freunde zweifelsohne gewohnt waren, aber jeden, der es erstmals erlebte, als unbedarften Hinterwäldler dastehen ließ.

Ich muß wohl dreingesehen haben wie Fratellini in seinem Clownsrock unter dem Platzregen von Hüten, der in diesen Szenen auf ihn niederprasselt, nach denen die Manege wie ein Schlachtfeld von alten Gitarren, zerstörtem Mobiliar, Seifenschaum, Töpfen und zerschlagenem Geschirr übersät ist. Nach und nach gewöhnte ich mich daran. Vor der Schönheit dieser kleinen Person, dem anmutigen Klang ihrer Stimme, der bei ihr im Dienst eines außerordentlichen witzigen Darstellungsvermögens stand, trat alles andere in den Hintergrund. Ein für allemal begriff ich, daß ihr Schniefen, der zurückgeworfene Oberkörper, die übereinandergeschlagenen Beine, die Pausen, die offenen kleinen Hände, die sie blitzschnell von sich schleuderte, ihre Gesten, wenn sie den Boden mit Schleiern, Halstüchern, Ketten, Muffen, Taschentüchern, kleinen Regenschirmen, arabischen Gebetsketten, Gürteln und Spangen übersäte, daß all dies zu ihrer Inszenierung, zu ihrem Lebensmechanismus und gewissermaßen zu den Requisiten ihrer Nummer gehörte.

Ich gestehe, sobald ich spürte, daß zwischen uns eine jener Freundschaften entstand, die das Grab überdauern, habe ich mich mit allen nur erdenklichen Vorsichtsmaßnahmen umgeben. Bei Tisch wollte sie, daß die Gäste ihr zuhören und den Mund halten. Ich habe schon den Ausspruch Baudelaires erwähnt: »Hugo stürzt sich in einen dieser Monologe, die bei ihm Gespräch heißen.« Noch ehe man zu Tisch ging, hatte die Gräfin bereits ein Gespräch dieser Art an sich gerissen und ließ nicht mehr locker. Und wenn sie einmal einen Schluck nahm? In der rechten Hand hielt sie ihr Glas, mit der linken bedeutete sie der Runde, sie nicht zu unterbrechen, und man gehorchte ihr. Stolz reichten die Gastgeberinnen sie gleichsam auf dem Präsentierteller und wiederholten beständig denselben Refrain: »Diese Anna, ist sie nicht wunderbar, einfach wunderbar!« Die Gräfin fuhr fort. Von ihrem Zimmermädchen zu George Sand, von ihrem Kammerdiener zu Shakespeare jonglierte sie hin und her, balancierte auf dem Hochseil, wechselte von einem Trapez zum andern, führte ihre Kartenkunststücke vor. Seien wir ehrlich, und hier setzen meine Vorbehalte ein: Zuweilen mogelte sie, stemmte nur Papiergewichte, vermochte sich nicht auf dem Seil zu halten. Die einen merkten es nicht, andere machten sich insgeheim darüber lustig, wieder andere litten darunter. Zu letzteren zählte auch ich. Es tat mir weh zu sehen, wie sie sich festfuhr, sich verhedderte und in die Irre lief. Alles, nur nicht verstummen! Etwas wie sprachliche Raserei, wie ein Taumel der Wörter hinderte sie daran, sich ihrer Lage bewußt zu werden. Nachdem ich das mehrmals erlebt hatte (es kam auch vor, daß ihr Kunststück glückte und sie nicht den Boden unter den Füßen verlor), beschloß ich, mich niemals mehr in der Öffentlichkeit mit ihr zu treffen und sie nur noch zu sehen, wenn wir allein unter uns waren.

Trotz alledem ... trotz alledem! Daß ich mich nicht auf jene widerwärtige Beweihräucherung einlasse, die, allzu reichlich verabreicht, bald Übelkeit erregt, ist der beste Ausweis meiner brüderlichen Liebe, und da ich einmal so frei am Reden bin, kommt mir ein Abend in den Sinn, an dem ihr einfach alles glückte. Das war bei der Fürstin de Polignac. Ich liebe die Fürstin, ich liebe ihre Art, wie sie vernichtende, unwiderrufliche Urteilssprüche zärtlich im Munde führt, wie sie diese Verdikte mit einem Lächeln aus ihren Tüllgewändern hervor begleitet und gleich einem schelmischen jungen Elefanten dazu sachte den Kopf wiegt, ich liebe ihr großartiges Profil, das an einen von der Brandung ausgespülten Felsen erinnert ... Und zweifelsohne ist es dem Umstand zu verdanken, daß bei ihr der Abend ausklang, wenn wir Anna de Noailles im vollen Besitz ihrer Kräfte erleben durften.

Der Abend ging seinem Ende entgegen. Die Orchesterpulte und die Stühle der Zuhörer standen kreuz und quer auf dem bleichen Savonnerie-Teppich verstreut. Plötzlich fiel mir unter diesem musikalischen Strandgut die Gräfin de Noailles ins Auge. Von einer Gruppe von Damen umgeben, saß sie da und gab sich eigenartigen Übungen hin. Bevor die Nachtigall ihren Gesang anstimmt, übt sie. Sie quakt und krächzt und plärrt und fiept, und wer mit ihren Methoden nicht vertraut ist, wird sich wundern unter dem nächtlichen Baum. Eben so präludierte die Gräfin. Ich beobachtete sie von ferne. Sie schniefte und nieste, brach lauthals in Lachen aus und seufte herzzerreißend, ließ Halstücher und türkische Gebetsketten fallen. Dann holte sie auf einmal tief Luft, in rasender Geschwindigkeit kräuselten und entkräuselten sich ihre Lippen, und nun begann sie. Wovon sprach sie? Ich weiß es nicht mehr. Ich weiß nur, daß sie redete und redete und redete, daß eine Menschenmenge den großen Saal füllte, daß die jungen Leute auf dem Boden Platz nahmen und die Alten ringsum die Sessel besetzten. Ich weiß, daß die Fürstinnen de Polignac und de Caraman-Chimay (ihre Freundin und ihre Schwester), die zu ihrer Rechten und ihrer Linken standen, Sekundanten an einem imaginären Boxring glichen. Ich weiß, daß die schwarzbefrackten Hausdiener und die gepuderten Lakaien in ihren kurzen Kniehosen an der Schwelle der halbgeöffneten Türen sich versammelten. Ich weiß, daß die Worte der Gräfin, wie der Walzer eines Lubitsch-Films oder wie in jenem Film, in dem Liszt spielte, durch die Fenster in die Juninacht hinausklangen und die Bäume, die Pflanzen, die Sterne bezauberten – weiß, daß ihre Worte zu den Nachbarhäusern hinüberdrangen, für einen Augenblick allen Streit zum Schweigen brachten, schmückend die Schlafenden umfingen, und vom Stern bis zum Baum, vom Baum bis zu den Chauffeuren der wartenden Limousinen murmelte alles: »Die Gräfin spricht ... die Gräfin spricht ... die Gräfin spricht ...«

....

Ginet, der alte Hausdiener, hat eine mächtige Weinfahne. In Schlangenlinien schiebt er mich zu einer gepolsterten Tür. Diese Tür führt in einen kleinen, von Schweigen erfüllten Raum, einen kurzen Korridor, der alle Geräusche abfängt; Kork und Bücher bedecken die Wände, Watte unter dem Teppich dämpft die Schritte. Auf diese dunkle Stille folgt eine zweite Polstertür. Das ist die Tür zum Schlafzimmer. Ich trete ein. Auf einem breiten Bett im Louis-Quinze-Stil liegend, empfängt Anna de Noailles ihren Gast. Das Zimmer ist ein Jungmädchen-Schlafzimmer, wie sie um 1900 ausgesehen haben. Allein eine vergrößerte Photographie fällt aus dem Rahmen; sie zeigt Minerva, die Stirn an eine Lanze gelehnt. Starr, geneigt, behelmt, der Zahl sieben gleich steht sie in Gedanken versunken da. Aber diese nachdenkliche Minerva ist nicht ihre Schutzpatronin. Eher schon wäre die ungestüme Pallas der *Äneis* ihre Patronin, die Heuschrecke von der Akropolis, des heiligen Hügels, in dem auch ihr Stammbaum, über die Familie der

Musurus, eine seiner Wurzeln hat. Gewiß, diese Minerva, diese kleine schiefe Säule, das ist nicht sie. Nicht sie wurde von Maurras im Parthenon umarmt. Sie, die junge dichtende Gräfin, wird von ihm vielmehr mit jenen großen Zierfiguren, jenen primitiven Frauengestalten im Akropolis-Museum verglichen, die sich lächelnden, von den Augen verzehrten Gesichts an der Seite eines bärtigen Gatten auf ihr Grabmal stützen. Wie die Minerva aus diesem Zimmer hervorsticht, in solch starkem Kontrast stehen auch all die gelben Bänder, die Spitzen, die Kretonnevorhänge, die Möbel mit geschwungenen Beinen, der ganze mannigfaltige Flitterkram zu der Dame des Hauses. Eine Rabenfeder und eine Schleife schmücken ihr Haar, und ein Lockenbüschel, das sie ihre Vendôme-Säule nennt, fällt in Spiralen auf ihre Schultern; man hat den Eindruck, als wären die großen Pupillen auf eine Binde gemalt, die ihre Augen verdeckt, und als würde sie den Kopf hochstrecken, um darunter hervorzusehen. Diese künstlichen, diese riesigen Augen rieseln rechts und links des waagrechten Gesichts herab. Eine kräftige Nase, ein Schnabel, stark eingekerbte Nasenflügel, wie geschaffen, um alle Wohlgerüche der Welt einzuatmen. Der anmutige Mund mit wie Rosenblätter sich kräuselnden Lippen lenkt den Blick auf einen Raubtierkiefer. Diese Züge, dieser animalische Knochenbau bebildern nachgerade das Bonmot von Lemaitre.* Was für ein reizendes Insekt ist das nicht! Unter dem Mikroskop tut sich ein Arsenal von Sägen, Zangen und Fühlern auf.

* [*Anm. d. Übers.:* In einer vorangegangenen Passage, die in dieser Auswahl nicht berücksichtigt wurde, erzählte Cocteau, der Schriftsteller Jules Lemaitre habe über Anna de Noailles einmal gesagt: »Sie gleicht den Insekten, die Zweige, größer als sie selbst, umherschleppen.«]

Warum mußte ich, als sie starb, an den erhabenen Tod eines Skorpions denken, der sich, von Flammen umgeben, den tödlichen Dolchstoß versetzt?

Unter Gras zu ruhen war ihre Bestimmung, und »daß ein Rosenstrauch ihren Gebeinen entblühe«; zum Tod war sie bestimmt. Sie konnte dem roten Feuersturm der alten Welt und seinen bedrohlichen Flammen nicht standhalten. Sie war müde.

Sie liebte den Purpur, mit dem die Macht sich schmückt. Sie verehrt Jaurès, und doch hängt sie am Fuß ihres Bettes den Säbel von Mangin auf.

Sie vergöttert den Ruhm. Der Ruhm ist ihre fixe Idee. »Sie bewundern ja nur Gescheiterte!« sagt sie zu mir. Vergebens lege ich ihr auseinander, daß es gerade Frankreichs Privileg sei, berühmte Männer zu besitzen, von denen die Menge keine Ahnung hat, deren Ruhm im verborgenen wächst. Rimbaud kennt man kaum, Verlaine so eben noch, um so mehr dafür Hugo! Ruhm bemißt sich nach der Zahl der Plätze, Straßen und Boulevards, die deinen Namen tragen. In den Augen der Gräfin wären bereits Seine Berühmtheit, Rom und die Zahl Seiner Tempel ein Beweis für die Existenz Gottes. »Anna«, sage ich zu ihr, »Sie wollen schon zu Lebzeiten eine Büste sein, freilich mit Beinen, um überall herumlaufen zu können!« Sie beschimpft mich, und ich gehe zum Gegenangriff über. Unsere Streitereien endeten gewöhnlich damit, daß ich floh, daß ich die Tafel verließ. Die Fürstin de Polignac entsinnt sich noch, wie sie sich einmal auf die Suche nach mir begab und mich Dame spielend bei Anne-Jules, dem Sohn der Gräfin, fand. Eines Abends (wir stritten uns wegen meines Briefs an Jacques Maritain) riß die Gräfin einen Stuhl in die Höhe und verfolgte mich in ihrem langen Nachthemd bis auf den Treppenabsatz. Sie beugte

Jules Lemaître

sich vor, klammerte sich an das Geländer und schrie: »Im übrigen ist das ganz einfach. Sollte es einen Gott geben, so würde ich das als erste erfahren!«

Es waren zärtliche Zwiste, nur Vorwand zu endlosen Zwiegesprächen. Meist warf ich ihr ihre konventionelle Auffassung von Größe vor.

Sie hatte an mir auszusetzen, daß ich mich immer weniger darum bemühte zu brillieren. Die Liebe kennt kein Brillieren, erwiderte ich, sie löscht es aus; sie wiederholt nur: »Ich liebe dich.« Von dem Augenblick an, da meine Wahl auf bestimmte Menschen, auf bestimmte Dinge gefallen war, da ich bereit war, für sie zu sterben, ist mir alle Gewandtheit auf der Tonleiter der Worte abhanden gekommen. Der Virtuose dient nicht der Musik; er bedient sich ihrer. Deshalb hört man ihm besser nur zu, wenn er Musikstücke bescheidenen Formats spielt. Hier kann er glänzen. Und auch Sie glänzen, weil Sie nicht lieben. Ihre Liebe kennt keine bestimmbaren Grenzen und wird dadurch nichtig. Zumindest haben sie nicht wie Barrès das Verbrechen begangen, sich eine Liebe zurechtzubasteln. Und schon hob der Streit, einen Grad heftiger, von neuem an, bis ich schließlich das Weite suchte. Gegenüber dem Haus der Polignacs in der Avenue Henri-Martin hat der in der Sonne aufgedunsene Asphalt Luft eingespeichert, wirft Blasen und stößt des Nachts unter der Sohle Vogelschreie aus. Diese Beobachtung, diese Schreie des Bürgersteigs waren das letzte, was mich noch wach hielt, was mich von meinen Träumen ablenkte. Ich setzte allein den Streit fort. Mein Herz tobte, es liebte, es floß über vor ergebener Bewunderung... und da die Zeit eine Erfindung des Menschen ist, fand ich mich im Handumdrehen, ohne einen Schritt getan zu haben, vor meiner Tür in der Rue d'Anjou.

Am Fenster des Zimmers mit den Kretonnevorhängen stand ein Blumenkasten mit Hyazinthen; er war für die Gräfin ein Hindernis, über das sie nicht hinauskam. Immer aufs Bett gestreckt, halfen ihr wohl (wenn nicht der Duft der Heliotropsträucher zu ihr drang) diese Hyazinthen im Blumenkasten, sich auszumalen, wie die Gärten aussahen, die Blütenkronen und die Hummeln, die in ihrem Samtpelz dem Auge einer persischen Prinzessin gleichen. Duftende Schildwachen waren sie, die kerzengerade ihre knapp bemessenen und seltenen Ruhestunden hüteten. Denn sie schlief schlecht, stopfte sich mit Schlafmitteln voll, litt und sprach dabei kaum über ihre Leiden. Man hielt ihre Krankheiten für Einbildung, ganz wie man es auch bei Marcel Proust tat. Hört man »Ich bin halb tot« statt »Ich bin müde«, weiß man gleich, daß hier die Phantasie ihr Werk treibt. Die Dichter sind die rechten eingebildeten Kranken! Und wenn sie dann sterben, ist man ganz überrascht. Wie ungebührlich! Man dachte wohl, wir wären aus Stahl gegossen.

Anna empfing tausend Ärzte. Abgesehen von Madame Lobre, die sie gern hatte und der sie Glauben schenkte, benutzte sie die Ärzte nur als Vorwand für ihre Stimmübungen. Sie wollte gar nicht, daß die Ärzte sie behandelten. Vielmehr wollte sie ihre Ärzte behandeln.

Sie ist tot. Das Leben selbst ist tot. Tot sie, über die Barrès gesagt hat: »Sie ist der empfindlichste Punkt des Universums«, und: »... ihr kleiner Körper wie der einer spanischen Christusgestalt.« Sie wollte einbalsamiert werden. Ich habe es nicht über mich gebracht, sie in diesem Zustand zu sehen. Einbalsamiert, stelle ich mir vor, gleicht sie der Thais im Guimet-Museum. In fortschreitendem Ab-

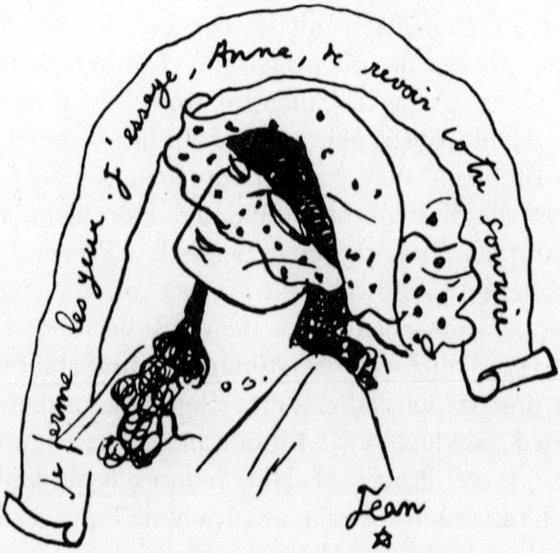

blättern und Bersten begriffen, wie alte Zigarren, vertrocknete Rosen und hartgetrocknete Verbandstücher, läßt sich Thais auf dem Totenfluß treiben. Eines Morgens sah ich im Guimet-Museum einen weißgekleideten Priester vor der Vitrine knien. Er trug das Herz und das Kreuz des Paters de Foucauld. Es war Pater Charles. Er betete. Ich hatte vergessen, daß die Mumie die der heiligen Thais war.

Nach meinem Tod werde ich Anna de Noailles besuchen. Ich werde die Wolkenvorhalle durchqueren, ich werde die Tür aufstoßen, und wie früher, wenn wir uns stritten, werde ich ihre Stimme hören: »Sehen Sie, mein Lieber, nichts gibt es danach, nichts. Erinnern Sie sich noch? ... Ich hatte es Ihnen ja gesagt!« und mir zur ewigen Freude, beginnt alles wieder von vorne: Die Gräfin spricht.

XIV

(...) Immortellenkranz – Dank an Gide (...) – Der Tanz auf dem Vulkan.

Wenn jemand mit dahineilender Feder seine Erinnerungen erzählt und ihm dabei Fehler unterlaufen, darf man ihm nicht böse sein. Nicht, was war, sondern was ist, bringt er zu Papier, was übrigbleibt von dem Erlebten; er arbeitet hinter Nebelschwaden, die die Formen verwischen. Da eine Ungenauigkeit übelzunehmen, wäre dasselbe, als wollte man sich über eine Porträtphotographie aus einer Jahrmarktsbude aufregen, weil man darauf als Boxer, als Torero oder als Rennfahrer erscheint. »Das ist nicht er! Das ist ja gar nicht sie.« Überdies gibt das instinktiv gewählte Dekor durchaus Aufschluß über die abgelichtete Person.

....

Die Geschichte setzt sich aus Ungenauigkeiten zusammen. Sie gleicht jenem Totenkopf von Holbein: Aus der Nähe und direkt von vorne hat man nur langgestreckte Flecken und Farbspuren vor Augen; erst aus gehöriger Entfernung und unter einem günstigen Blickwinkel verdichten sich die Flecken, treten in Beziehung zueinander, und der Totenkopf wird sichtbar. Die Details sind nicht so wichtig. Allein auf die Proportionen, die Dimensionen, das große Format eines Menschen oder einer Handlung kommt es an.

Auch muß man das einer abstrahierenden Perspektive geschuldete Phänomen im Auge behalten, daß Ereignisse,

Orte und Personen an Größe gewinnen, je weiter sie sich von uns entfernen. Wenn sich damit ihre lyrische Färbung verstärkt, verlieren sie so indes ihre bewegende Plastizität. Auf den Bildern der Maler wirkt der Berg Golgotha mächtiger, das Kreuz, Christus selbst rückt hoch hinauf in die Ferne. Katharina Emmerich holt ihn nahe heran, bringt das Kreuz und den Kahlen Berg auf vernünftige Größenverhältnisse zurück, ruft uns in Erinnerung, wie ein Nagel aussieht, der das Fleisch durchbohrt.

Durch abwägende Dosierung des Großen und des Kleinen also wird der Memoirenschreiber ein getreues Bild erzielen. Wieso sollte er stur bis ins kleinste Detail, wie ein Buchführer, zu Werke gehen? Man kann sich schlecht vorstellen, daß die Königin der Amazonen schriebe: »Nach Veilchen duftete Alexanders Schweiß allerdings nicht.« Der Geschichtsforscher könnte darauf entgegnen: »Vielleicht wußte es Ihr Gatte so einzurichten, daß er in Ihrer Gegenwart nicht schwitzte«, oder »Sie beide haben ja nicht sehr lange zusammengelebt« oder dergleichen...

Bei meiner Arbeit für den *Figaro* stellten sich mir erhebliche Hindernisse in den Weg. Es galt, von einer Farbe gleich zur nächsten zu wechseln, niemals der Versuchung nachzugeben, die von dem sanften Ineinanderfließen der Dinge, von dem Regenbogen jenes Grenzbereichs ausgeht, wo auf einem Tauben- oder Spargelhals die Farbtöne verschmelzen. Ich mußte mich vor der Versuchung hüten, den Gefühlen freien Lauf zu lassen, mich lange aufzuhalten, mich zu beklagen, mich zu rühmen, mein Herz auszuschütten. Es galt, wie ein blinder Spiegel widerzuspiegeln, schnell solch einen Spiegel aus der Tasche zu ziehen und ihn hastig wieder zurückzustecken; ohne zu überlegen, hieß es den Augenblick zu bannen, wenn auf dem Handtuch am Rand des Boxrings ein Gesicht seinen Abdruck hinterläßt, wenn

der Widerschein eines Lächelns über einen Spiegel huscht, so wie man den Schatten eines Profils auf der Mauer mit einem Stift nachzeichnet.

Und überhaupt! Genauigkeit? Ungenauigkeit? Bienen Salomons, wie wolltet ihr euch denn auf den Immortellenkränzen unserer Sterblichkeit zurechtfinden? ...

Ein Herr, dessen Briefpapier nobel gedruckte Gemeinplätze zieren: Ehrenlegion – Akademische Titel – Telephon – Telegraph ..., macht mir die Verwendung gängigster Gemeinplätze zum Vorwurf. Ich würde vor Scham erröten, wenn ich mir nicht am Journalismus ein Beispiel nähme und wenn der lockere Stil, den er verlangt, nicht auch die Benutzung von Gemeinplätzen einschlösse; darunter sind die einen unentschuldbar, die anderen aber prachtvoll, fest auf ihren Sockeln sitzend, aus reinem Marmor, wahre Meisterwerke der Jahrhunderte. Mußten sie eigentlich jemals erst geprägt werden? Tauchen sie vielleicht unvermittelt, ohne jeden Urheber, aus dem Boden der Geschichte auf?

Ein Bauer stößt auf die Arme der Venus von Milo. Wem gehören sie nun? Dem Bauern oder der Venus von Milo? Sie gehören dem Mythos. Sie hängen sich der Poesie an den Hals. Weiße Schlangen sind sie, die ein eigenständiges Leben führen.

Was für eine Wonne ist es doch, »überdies«, »lassen Sie mich hinzufügen«, »kurz« und »im übrigen« zu gebrauchen, Formeln, die sich ganz von alleine wie ein leicht einzuordnendes Puzzle-Teilchen in den Text schieben!

Der Leser möge mir verzeihen, ich bitte um sein Verständnis. Helfen Sie mir, spielen Sie doch mit mir und bleiben Sie nicht so vor meinem Tisch stehen! Solche geschwind mit dem Stanzeisen geschlagene und mit der

Schablone gepauste Prosa will gemeinsam geschrieben und gelesen werden.

Diese Erinnerungsskizzen – sofern ihnen denn Bestand vergönnt sein sollte – habe ich Gide zu verdanken. Gide erhob gegen mich den Vorwurf (er bezog sich dabei auf eine Fußnote über den frühen Jazz in *Le Coq et l'Arlequin*), ich würde mich niemals gehenlassen, nie einen Moment der Entspannung zu nutzen wissen. Schreibt man mit seinem Blut, schreit man seine Liebe mit Kreide auf den Wänden heraus, sind Ruhepausen unabdingbar. Ich habe mich deutlich genug gegen das Erhabene ausgesprochen, um ihm gegenüber Mißtrauen zu hegen.

Wie ich Gide diese Artikel verdanke, so habe ich Jacques Chardonne die *Kinder der Nacht (Les Enfants terribles)* zu verdanken. Er schimpfte mit mir: »Wenn ein Meisterwerk aus Ihnen heraus will, hemmt Sie eine Art Krampf. Das weiße Papier lähmt Sie. Beginnen Sie doch einfach mit irgend etwas. Schreiben Sie: An einem Winterabend... und dann fahren Sie fort...« (Ein Satz dieser Art leitet meinen Film ein: »Während des entfernten Kanonendonners von Fontenoy befindet sich in einem bescheidenen Zimmer ein junger Mann...«; die Anhänger Freuds sahen allerlei Hintersinn in diesem Satz, der nichts weiter besagt, als daß der Autor sich ein Herz gefaßt hat und ein Werk beginnt.) So schrieb ich: »Die Cité Monthiers befindet sich zwischen der Rue d'Amsterdam...«, und das Buch, das in mir gewartet haben mußte, rutschte in einem Zug hinterher.

....

Das wär's. Ich möchte den Abschied kurz gestalten. Ich hasse die Bahnhöfe, die Erschütterung des anfahrenden Zuges, mit dem sich Schlinge um Schlinge das Knäuel des Herzens abwickelt.

....

Die Erde bebt. Mit empfindlicheren Sinnen ausgestattet als das leichtfertige Ungeziefer, das auf ihr lebt, spürt sie wie eine Viehherde das Gewitter, das von Osten heranzieht. Jung und alt reiben sich aneinander und springen umher. Die Erde bebt und versetzt sie alle in aufgeregte Bewegung.

Aus der Ferne ist man immer erstaunt, daß die Kunst die Katastrophen überlagert, die sie zu vernichten scheinen. Aber im Gegenteil: Die Dummheit der Massen wendet sich dann anderen Gebieten zu und läßt diesen Bereich frei. Das Opfer der in den Tod gegangenen jungen Leute nötigt dem Alter Achtung vor der überlebenden Jugend ab, und niemals entwickelt sich die Kunst schneller.

Man darf nicht Revolutionspoesie (der einzige russische Fehler) mit einer Revolution der Poesie verwechseln. Zwischen 1914 und 1924 bot Frankreich das Schauspiel einer unglaublichen Revolution auf dem Feld der Literatur. Das Jahr 1935 nun leitet ein neues Zeitalter ein.

Lassen Sie mich unter den Segeln in der Sonne schlafen; Grâce de Sainte-Unefois stellt mir das Boot zur Verfügung, und ich nütze das weidlich aus.

Ich schließe meinen Laden und ziehe weiter zu einem anderen Ort. Das ist die Art, wie sich fahrendes Volk ausruht.

Au revoir, lecteurs!
Villefranche sur mer
mai 1935

DER LEBENSWEG EINES DICHTERS

Aus dem Französischen übersetzt
von Friedhelm Kemp

Ich habe lange gezögert, diese Seiten zu schreiben, aber dann sagte ich mir, daß mein Beispiel, meine Nöte, meine Fehler, meine Kämpfe manchem Jüngeren von Nutzen sein könnten, der in Gefahr steht, auf Abwege zu geraten und dort zu verbittern. Ich maße mir nicht an, das Ziel erreicht zu haben, das jeder Künstler sich vorsetzt und das in nichts anderem bestehen kann als in der Verwirklichung seiner äußersten Möglichkeit; aber ich habe mich so sehr bemüht, das zu überwinden, was uns unserem wirklichen Ich entfremdet, daß ich mich über meine Niederlagen tröste in dem Bewußtsein meines redlichen Strebens und in der Gewißheit, fast niemals etwas zu jenem Fabelwesen beigetragen zu haben, das man mir andichtet.

Groß ist das Glück derjenigen, die geraden Weges ausziehen und gleich eine Umgebung finden, die ihrer Entfaltung förderlich ist. Ist es nicht das ärgste Unglück, auf Abwegen Lobsprüche zu ernten und immer weiter darauf fortzuwandern, bis ein geheimnisvolles Zeichen auftaucht und zur Umkehr zwingt?

Wer umkehrt, wird beiden Lagern verdächtig scheinen. Er wird die Rolle des Kalchas zwischen Trojanern und Griechen spielen. Wenn es in der Kunst eine Linke und eine Rechte gibt, wird die Rechte sagen: Das ist ein Verräter. Die Linke wird sagen: Das ist ein Spion. Und lange Zeit wird er sich für Fehler schelten lassen müssen, die er heute geflissentlich zu vermeiden sucht und die eine verspätete Hellsicht nun an ihm wahrnimmt.

BEGEGNUNGEN

Ich wurde am 5. Juli 1889 geboren, zu Maisons-Laffitte im Departement Seine-et-Oise, in einer einfachen und reizenden Familie.

Mein Vater war Amateurmaler. Er starb, als ich zehn Jahre alt war. Von ihm ist mir vor allem ein Geruch nach Ölfarbe und Terpentin, den ich köstlich fand, sehr lebhaft in Erinnerung geblieben. Er entfaltete eine große malerische Fertigkeit. Stundenlang konnte ich neben seinem Stuhl sitzen und ihm zuschauen.

Mein Großvater sammelte Kunstgegenstände und Gemälde. Er besaß einen kühnen und vielseitigen Geschmack. So kaufte er zum Beispiel einige Bilder aus der Werkstatt von Ingres und von Eugène Delacroix. Außerdem besaß er einige Masken aus Antinoë und griechische Statuen. Die Masken ängstigten uns. Eine Venus, die im Billardzimmer stand, hatte es uns besonders angetan, weil sie auf einem drehbaren Sockel befestigt war. Die Freunde meines Großvaters waren Virtuosen, Geigenspieler und Cellisten, mit denen er Quartette zusammenstellte. Dies alles, und dazu noch die geheimnisvollen Reisen der Familie in die Oper, um *Faust* oder *Die Götterdämmerung* zu hören, bildete eine Mischung von Konformismus und Non-Konformismus, die wohl geeignet war, eine unbestimmte Liebe zur Malerei, zur Musik und zum Theater in mir zu wecken.

Das ist auch der Grund, warum die Poesie mir als eine Art Spiel erschien und warum ich niemals auf den Gedanken kam, es könnte sich hier um einen Kampf handeln;

ich begriff nicht, daß der schreckliche Kreis der Musen sich nur dem Sieger ergibt, da mir nichts als ihr Liebreiz vorschwebte.

Nach einer ziemlich langen Periode, worin der Erfolg mich verblendete (von 1910 bis 1916), wurden mir mehrere große Begegnungen zuteil, die mir die Augen öffneten. Ich wurde gewissermaßen erst mit zwanzig Jahren geboren, in jenem Alter, in dem Raymond Radiguet sterben sollte, nachdem er seinen Fuß niemals auf einen Abweg gesetzt und uns mit fünfzehn die Pfade gezeigt hatte, denen es zu folgen galt.

Die erwähnten Begegnungen – bevor ich ihn traf, der mich so vieles lehren sollte – waren die Begegnungen mit Igor Strawinsky und Pablo Picasso.

Le Sacre du printemps rief eine völlige Umwälzung in mir hervor. Strawinsky, bei dem ich schon 1913 in Leysin gelebt hatte, war der erste, mich jenes Beleidigen der Gewohnheiten zu lehren, ohne welches die Kunst stagniert und zu einem bloßen Spiel entartet. Radiguet sollte mich später noch weiter führen und mich lehren, der sichtbaren Beleidigung durch eine unscheinbare innere Kühnheit zu begegnen. Er verdankte diese Geisteshaltung dem Umstand, daß wir seine Klassiker waren und daß er sich instinktiv gegen uns auflehnte. Die Spuren dieses Vorbilds werde ich wohl zeitlebens bewahren.

Picasso läuft Gefahr, daß ihm das Beleidigen der Gewohnheiten selber zur Gewohnheit wird, und es ist ihm gewissermaßen zur Gewohnheit geworden, weil noch niemand ihm Bescheid zu geben oder sich von ihm abzuwenden wagt. Seine Beleidigungen haben allerdings etwas Religiöses und gleichen jenen Beschimpfungen aus Liebe, mit denen die Spanier die Madonna bedenken, wenn es nicht die ihres Pfarrsprengels ist.

Ich wiederhole: Picasso hat die Gewohnheiten immer beleidigt, und er wird sie so lange beleidigen, bis diese Methode selber eine Gewohnheit wird. Das hat jedoch noch gute Weile, da er ein Geschwindbeleidiger ist und immer neue Beleidigungen ersinnt. Stark wird derjenige sein, der ihm durch Ruhe trotzt. Und dieser neue Beleidiger wird auf einen desto größeren Widerstand stoßen, je mehr die Methode des Beleidigens zur Gewohnheit geworden ist und je weniger seine Art, durch Ruhe und Stille zu trotzen, Anerkennung findet. Er wird das Elend der ersten öffentlichen Beleidiger kennenlernen, deren Urbild van Gogh bleibt.

Picasso hat mich gelehrt, schneller zu laufen als die Schönheit. Das ist folgendermaßen zu verstehen: Wer ebenso schnell wie die Schönheit läuft, wird nur Pleonasmen und Postkartenklischees hervorbringen. Wer langsamer als die Schönheit läuft, wird in der Mittelmäßigkeit steckenbleiben. Wer schneller läuft als die Schönheit, dessen Werk wird häßlich scheinen; aber er nötigt die Schönheit, aufzuholen, und sein Werk wird dann, einmal eingeholt, endgültig schön.

Seit dem Augenblick, da ich diese Männer traf und wir Freunde wurden, versuchte ich, ihre Schule mit jener in Übereinstimmung zu bringen, in der Raymond Radiguet das Gegenteil ihrer Methoden zu lehren schien. In Wirklichkeit aber beleidigte er, statt durch Herausforderung, durch Geringschätzung, und statt des Gewitters herrschte bei ihm eine zähe Stille.

Gegen Ende seines Lebens hatte er seine zerbrochene alte Brille mit einem Monokel vertauscht, das ihn zu einer abweisenden Grimasse nötigte, denn er konnte es nur schwer festhalten, und dieses Monokel in dem kindlichen Gesicht eines Kurzsichtigen verlieh ihm den seltsamsten und hochmütigsten Ausdruck.

Ein anderer meiner Meister war jener Erik Satie, dessen Richtung dem musikalischen Impressionismus entgegentrat und dessen entfettete, von allen Saucen und Schleiern befreite Musik den Dilettanten zu simpel erschien.

Kurz, nach einer recht lächerlichen langen Periode befand ich mich endlich in einem Milieu, das der Geburt von Gedichten günstig war: dieser gräßlichen, dieser erhabenen, dieser unbegreiflichen Geburt, diesem Übergang aus der Nacht ins helle Tageslicht, diesem Hinken derer, die ein Bein auf die Erde setzen und das andere ins Leere.

Wahrscheinlich war es dieser Kampf gegen mich selbst und gegen die anderen, diese innere Nötigung des Künstlers, den Befehlen eines Ich zu gehorchen, das ihm so wenig bekannt ist, was mich zu diesen Darlegungen, zu dieser Untersuchung meiner Mechanismen bewogen hat.

ANDERE BEGEGNUNGEN

Im Jahre 1912 hatte ich gegen ein geringfügiges Entgelt einen Flügel jenes Hôtel Biron in der Rue Varenne gemietet, wo Rodin wohnte. Fünf Glastüren führten mitten in Paris in einen Märchenpark, den die guten Klosterfrauen bei der Trennung zwischen Staat und Kirche verlassen hatten.

Abends sah ich im Eckfenster des Hôtel eine Lampe aufleuchten. Es war die Lampe Rainer Maria Rilkes. Er war Rodins Sekretär. Ich sollte von ihm nur diese Lampe kennenlernen, die mir als Leitstern hätte dienen sollen. Aber leider erfuhr ich erst sehr viel später durch Blaise Cendrars, wer Rilke war, und es bedurfte noch mancher Jahre, bis Rilke mein Stück *Orpheus* kennenlernte, das Reinhardt in Berlin auf die Bühne brachte, und bis Madame K. dieses ergreifende Telegramm von ihm erhielt: »Sagen Sie Jean Cocteau, daß ich ihn liebe; er ist der einzige, dem sich der Mythos auftut, aus dem er braungebrannt zurückkehrt, wie von einem Aufenthalt am Meer.«

Als Rilke starb, stand er im Begriff, den *Orpheus* ins Deutsche zu übersetzen. Man begreift, welch ein Glücksfall dies für mich gewesen wäre und wie nahe mir der Verlust ging.

Meine beiden ersten Berührungen mit Deutschland waren dieses Telegramm und ein Brief Thomas Manns, der mich in Toulon erreichte, wo ich am Typhus krank lag: »Nehmen Sie sich in acht. Sie gehören zur Rasse jener Dichter, die im Spital enden.«

Eine andere Begegnung, die von Bedeutung für mich wurde, war die Bekanntschaft mit Jacques Maritain, dessen Freundschaft mir ein erstes Mal aus der Gewöhnung an das Opium heraushalf, zu dem ich nach dem Tode

Raymond Radiguets, den ich als meinen Sohn ansah, meine Zuflucht genommen hatte. Dieser Tod ließ mich mit leeren Händen zurück, und Serge Diaghilew nahm mich mit nach Monte Carlo, wo er *Les Fâcheux* von Georges Auric und *Les Biches* von Francis Poulenc einstudierte; die beiden Musiker gehörten der »Gruppe der Sechs« an, mit der ich durch ein unauflösliches Einverständnis verbunden blieb, nicht als ihr Haupt, doch als ihr Chronist *(Le Coq et l'Arlequin)*.

Bei der Berührung mit der wunderbaren Seele Maritains kam mir der Gedanke eines Briefwechsels, worin der Katholizismus sich auf seine ursprünglichen Kräfte besinnen und worin ich der Jugend beweisen würde, daß die Religion und die Kühnheiten der Kunst nicht unvereinbar sind.

Mein Brief fand wenig Verständnis (man nahm ihn für das Zeichen einer Konversion; was sinnlos war, da ich Katholik bin). So faßte ich bald darauf den Entschluß, mich wieder in meine streitbare Einsamkeit zurückzuziehen, unbeschadet der Hochachtung und Zuneigung, die ich für Maritain empfand und die ich ihm mein Leben lang bewahren werde.

PROUST – GIDE – DIE SURREALISTEN – APOLLINAIRE

Das Zimmer Marcel Prousts auf dem Boulevard Haussmann war die erste Dunkelkammer, in der ich fast täglich – eigentlich müßte man sagen allnächtlich, denn er lebte nur des Nachts – der Entwicklung eines gewaltigen Werkes beiwohnte. Er war noch unbekannt, und wir nahmen gleich nach unserem ersten Besuch die Gewohnheit an, ihn für einen erlauchten Schriftsteller zu halten. In diesem erstickenden Zimmer, voller Nebel aus Asthmapulver und dick voll Staub, der die Möbel mit einem grauen Pelz bedeckte, wohnten wir einer Arbeit wie in einem Bienenkorb bei, wo die tausend Bienen der Erinnerung ihren Honig bereiteten.

Meine Beziehungen zu Gide waren von Anfang an ein Blindekuhspiel, ein Haschen und Tappen mit Versöhnungen, Zwistigkeiten, offenen Briefen, Beschwerden, deren Ursprung wohl bei jener unglaublichen Schar von jungen Mythomanen zu suchen sein dürfte, die zwischen uns hin und hergingen und nach Herzenslust Unfrieden stifteten.

Mein Bruch mit den Surrealisten war verworrener, heftiger und langwieriger. Er entsprang einerseits meinem Ungehorsam gegen die Ukase, andererseits einem instinktiven Wertgefühl, das in mir noch stärker war als der Wert selbst, den ich damals in den Dienst einer Sache stellen konnte. Wir sollten uns siebzehn Jahre später wieder aussöhnen, und während dieser siebzehn Jahre habe ich immer die Ansicht vertreten, daß gewisse Feinde, die von ähnlichen Problemen geplagt werden, uns näherstehen als manche scheinbaren Freunde.

Alle diese kleinen Fehden, Scharmützel, Zweikämpfe und Tribunale haben mich mehr gebildet als ein ungestörtes Lustwandeln.

Zwischen Montmartre, wo Max Jacob, Reverdy, Juan Gris wohnten, und Montparnasse, dem Keller der Rue Huygens, der Rotonde, den Ateliers von Kissling und Modigliani, den Editions de la Sirène, wo Monsieur Laffitte den Ratschlägen Cendrars' folgte und uns verlegte, gab es ein ständiges Hin und Her, überwacht von Apollinaire, beherrscht von Picasso, welches dem Dadaismus voraufging, dessen erster Strahl mich durch einen Brief Tristan Tzaras traf; er enthielt eine Karte von Europa, auf welche er lauter Hände mit ausgestreckten Zeigefingern gezeichnet hatte.

Man tut sehr unrecht daran, jene Viertel von Paris zu schmähen, die immer vorneweg sind, wo sich was rührt, wo es von Müßiggängern wimmelt, wo die einen sich durchsetzen und die anderen verworfen werden, denn dieses Montparnasse von 1916 häufte geheimere und stärkere Zündstoffe an als die des Ersten Weltkrieges.

Jeder Urlaub (ich stand bei der Marine-Infanterie in Belgien) glich wieder einem Untertauchen in diesem erstaunlichen Brodeltopf einander widerstrebender Kräfte, voll innerer Kämpfe zwischen den kubistischen Malern und den Schriftstellern, die eine Ordnung umstießen, um sie am Rande der Politik durch eine neue Ordnung zu ersetzen. Es war die Epoche, wo der »neue Geist« als eine Art von Unordnung erschien, und die eines Tages die Heroische Epoche heißen sollte.

Es ist allerdings von heute aus nicht leicht zu begreifen, daß zum Beispiel die Schlacht um das Ballett *Parade* im Jahre 1917 (wir beide, Picasso und ich, waren eigens nach Rom gefahren, um dort Diaghilew und seine Truppe zu treffen) mit Verdun zusammenfiel und daß das Hinterland eine geistige Front ohne Beispiel darstellte.

Apollinaire sollte das Opfer dieser reichlichen Sturzbäder werden. Seine köstliche Anmut erlag endlich seiner Verwundung und seiner Erschöpfung. Er starb am Tage des Waffenstillstandes, und die Mischung der Heroismen in uns war so groß, daß wir des Glaubens sein durften, Paris habe ihm zu Ehren geflaggt.

DER FLUSS DES VERGESSENS

Es wäre mir unmöglich, meine Memoiren zu schreiben. Von dem Augenblick an, da ich mich entschloß, mit meinen Irrtümern zu brechen – seit der Niederschrift des *Potomak* –, fand ich mich in einem solchen Wirbel davongetragen, einem Wirbel von Orten, Namen, Daten, Hotels, in denen ich hauste und deren Rechnungen mir niemals zu bezahlen gelang, von Freundschaften, Zwistigkeiten, Begeisterungen, Nöten, von Gefahren, Krankheiten und Trauerfällen, in einem solchen dramatischen Unwetter, einem solchen Zyklon von widrigen Winden, Untergängen, glücklichen Inseln und öden Klippen, daß der, wie schon gesagt, unmögliche Bericht darüber ebenso unwahrscheinlich erschiene, wie der Bericht des Äneas der Dido in der Äneis erscheint. Er würde jeden Biographen entmutigen. Deshalb ist es besser, sich nicht allzu weit umzuwenden und nur einen kurzen Blick hinter sich zu werfen, ohne Rücksicht auf die Daten. Anders liefe ich Gefahr, in eine Salzsäule verwandelt zu werden, das heißt: in eine Tränensäule.

Besser, man klammert sich an einen Schiffsrest, nicht, weil man überleben möchte, sondern um den nächtlichen Gewalten obzusiegen, die uns zu verderben trachten, die uns unsere Weggenossen rauben und unsere besten Freunde.

Der Dichter lebt in einem Nebel von Ungenauigkeiten, von fehlerhaft überlieferten Aussprüchen, von Taten, die er nicht begangen hat, von Legenden.

Dieser Nebel unsinniger Legenden besitzt eine gewisse Ähnlichkeit mit jenem, der die Götter den Blicken der

Menschen entzieht, nachdem sie ihnen bei Vergil oder Homer erschienen sind. Venus und Merkur zeigen sich kaum, oder aber unter einem Aussehen, das sie unkenntlich macht. Sie bestätigen ihre Orakel durch eine kurze Erscheinung, die keinen Zweifel erlaubt und die mit einem jener erwähnten Nebel endigt. Genauer müßte man eigentlich sagen, daß diese Götter unter ihrer wahren Gestalt eine konventionelle annehmen, entsprechend dem Bilde, das die Sterblichen sich von ihnen machen.

Aber selbst wenn der Nebel der Legenden sich einmal zerstreut hat, bleibt der berühmte Künstler dennoch ein Rätsel; die Gestalt, unter der er sich zeigt, ist nur ein Schein, und es bedürfte, um ihn kenntlich zu machen, einer anderen Gestalt, die dem Ganzen seines Werkes entspränge. Und in dieser genauen Gestalt würde man ihn dann vermutlich nicht erkennen. So ist der Künstler dazu verurteilt, als Gespenst zu leben, und, wie sehr es ihn auch danach verlangt, die Schönheit durch seine Wahrheit zu ersetzen, immer nur ein Schatten zu bleiben ... Darum überspringe ich die Daten und streife durch meine Jugend wie die Schatten Vergils, die aus dem Fluß des Vergessens trinken.

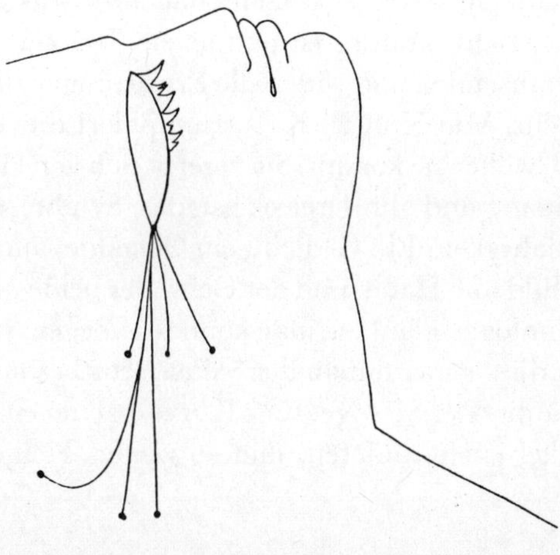

Meine Ausbildung fand inmitten von lauter -ismen statt: Kubismus, Futurismus, Purismus, Orphismus, Expressionismus, Dadaismus, Surrealismus, und unter einer Sturzflut von Geheimnissen, die man nach außen getragen hatte (was sie nicht hinderte, in der Tiefe finsterer Hinterläden zu versanden). Gewiß geschah es aus jenem Widerspruchsgeist, der in uns am Werk ist, daß ich mich entschloß – soweit etwas überhaupt dem Entschluß des Künstlers untersteht –, meine Geheimnisse nach innen zu nehmen und sie nicht zur Schau zu tragen.

....

DIE ZAHL 3

Die größte Anarchie herrscht gegenwärtig in den Künsten, und allgemeine Regeln gibt es nur noch beim Sport, wo das Publikum einen Maßstab des Urteils besitzt, der seine Billigung oder Mißbilligung rechtfertigt. In der Kunst hält die Jugend sich für frei und übersieht dabei die Herrschaft der Zahlen; sie bedenkt nicht, daß alles, was sich den Zahlen entzieht, kraftlos ist und jenem Tod geweiht, den seit Jahrtausenden und wider alle Erwartungen die Zahl 2 verursacht. Von Kult zu Kult triumphiert die Trias. Keiner weiß, woher sie kommt. Sie vererbt sich von Heraklit bis zu Einstein, und ihr Dreieck ist das Symbol der Heiligen Dreifaltigkeit. Ein Gedicht, ein Gemälde, auch hier ist sie: das Bild, die Hand, und der Geist, der beide überwacht. Es ist sinnlos zu glauben, man könne die Regeln verwerfen; tut man dies, so wird man der Sklave sehr besonderer Regeln von äußerster Strenge. Eine Kurve erzeugt eine andere, ein Winkel einen anderen, und so weiter. Keine Freiheit ist dem Künstler vergönnt, der sich seiner Freiheit rühmt. Und schon ist er einem Mechanismus unterworfen, den keiner sieht und den doch jeder spürt.

Wenn der Dichter, der Maler gewisse Fehler organisieren, so hören diese Fehler auf, es zu sein, weil sie sich ins Gleichgewicht setzen und einen Organismus bilden. Schleicht sich aber ein Fehler ein, und sei es ein unsichtbarer, ohne daß ein Organismus von Fehlern ihn aufhebt und rechtfertigt, so ist das Ergebnis ein totgeborenes Werk. Es gehört nur einer anarchischen Welt an.

Man sollte den Künstlern sagen: »Seid auf der Hut, denn der geringste Fehler führt euch ins Verderben«, sie würden mit größerem Bedacht vorgehen. Aber sie spüren nicht die drohende Todesgefahr und stolzieren geradewegs in die erstbeste Falle. Indem sie den alten Regeln das Genick zu brechen glauben, brechen sie es den ihrigen, jenen, von denen sie nicht wissen, daß die *ungerade* Kunst dorther ihren göttlichen Gehalt empfängt.

Wenn ich aus dem riesigen Schuppen trat, wo Picasso soeben sein Fresko *Krieg und Frieden* vollendete, wenn ich diesen Organismus königlicher Fehler verließ, kam es vor, daß mir die hilflose Unordnung der Landschaft, ihrer Bäume und Gebäude auffiel. Draußen wurde alles nichtssagend. Die zufällige Wirklichkeit verblaßte vor dieser Schöpfung von erschreckender Logik.

Es versteht sich, daß alle Kinder zwischen 5 und 9 Jahren geniale Zeichner und Maler sind. Hernach nimmt es damit eine bedenkliche Wendung. Was sie hinriß, stößt sie wieder zurück. Die großartige Desorganisation der Linien wird überschaubar, die Barbarei der Farben verbürgerlicht sich. Kurz, das Genie des Kindes weicht einem fragwürdigen Talent, wenn es sich nicht gar zu einer Kindheitserinnerung verflüchtigt, auf die der Erwachsene belustigt zurückblickt und die ihn wie alles Kühne zum Lachen reizt.

Der wahre Meister rettet diese Chance, die der kleinen Welt so ohne weiteres gewährt wird. Er erhält sie mit Bedacht und reizt sie zum Äußersten unter einer Kontrolle, die sie über sich hinaussteigert, ohne ihr das geringste von ihrer ursprünglichen Frische zu rauben.

Darum halten die Leute, die keine Übung im Sehen haben, die jüngsten Gemälde immer für Kinderschmirakel und geben vor einem Picasso, einem Matisse, einem Bracque die sakrosankte Phrase von sich: »Das hätt' meine Kleine auch malen können.«

Es ist wunderbar, daß die höchste Meisterschaft an jene Kreidestriche erinnert, die die Kinder zum Hinkespiel auf dem Gehsteig ziehen, und an den Reichtum der Kleckse, den die Kinder bedenkenlos über das Papier verteilen. Es ist wunderbar, daß von dem Gipfel des instinktiven und gezügelten Könnens eine Brücke hinüberführt zu jenem wilden Landstrich, jener einsamen Insel, wo das Kind sich seine Gönner erfindet. Und das schönste Lob, das man zum Beispiel diesem *Krieg und Frieden* spenden könnte, das nun von Vallauris nach Rom gehen wird, ist meines Erachtens dieses, daß es das Werk eines zukünftigen Halbgottes sein könnte, eines jungen Herkules, welchen, nachdem er die Schlangen in seiner Wiege erstickt hatte, die Lust zu malen ankam.

Nichts ist schwieriger, als seine Kindheit zu bewahren, ihre Geheimnisse, ihre wilde Grausamkeit. Sehr viele Erwachsene haben für die Kindheit nur Verachtung übrig und sind stolz auf ihr Erwachsensein. Die Einwände der Erwachsenen gegen alles Kühne sind die gleichen, die sie gegen die Kindheit geltend machen würden, wenn es ihnen möglich wäre, sich in sie zurückzuversetzen; doch sie sind dazu außerstande, weil die Kindheit eines Sohnes oder einer Tochter von den Eltern, ohne daß diese es ahnen, ebenso weit entfernt ist wie der Mond von der Erde. Der Mondschein ist das einzige, was uns über die wahre Natur dieses recht unheimlichen Planeten hinwegtäuscht, und der väterliche oder mütterliche Stolz läßt den Eltern ihre Nachkommenschaft von einem romantischen Mondschein umflossen erscheinen.

Ein Schriftsteller, der sich mit Malerei befaßt, wird vor dem Akt des Malens ein ganzes Arsenal von Bedenken und Skrupeln aufrichten, über die er bisweilen nicht hinwegkommt. Auf halbem Wege zwischen der ersten und der letzten Kindheit, wird er auf der Leinwand die Irrtümer des Mannesalters begehen. Man wird in dem Text dieser Monographie* den Mechanismus bemerken, der mich bald vortreibt, bald zurückreißt, eine Bewegung, die eine Art Gleichgewicht erzeugt, das man sich lieber gestört wünscht, dessen Beherrschung mir aber nicht mehr gelingen wird, da ich zu spät angefangen habe zu malen.

Das einzige, was mich bestimmt hat, die Reproduktion einiger meiner Gemälde zu gestatten, war der Umstand, daß sie letzten Endes aus meinen Finsternissen stammen, wo die Kindheit wohl ein für allemal ihre Herrschaft aufgerichtet hat und meine Bedenklichkeit mit der ihr eigenen Grausamkeit niedertritt. Selbst wenn sie durch künstlerische Absichten gezügelt erscheinen, so strömen sie doch etwas Leidenschaftliches aus, etwas von jener Leidenschaftlichkeit, die man auf dem Gesicht der Kinder gewahrt, wenn sie mit Malen beschäftigt sind: Zusammen-

* [*Anm. d. Hrsg.:* Siehe hierzu das Nachwort zu dem vorliegenden Band.]

gekauert, im Ei des gegenwärtigen Augenblicks geborgen, hocken sie da, mit vorgeschobener Zunge und verbissenen Mienen. Die Mühe, die ich mir gebe, rettet mich vor einer verhängnisvollen Freiheit und verleiht mir, scheint es, unter dem Malen das Gesicht eines Idioten oder eines Verbrechers. Dieses Verbrechergesicht kommt gewiß daher, daß der Malerdichter das Tote und Leere zu töten versucht.

MALEN, OHNE MALER ZU SEIN

Ich hatte nie zu malen gewagt. Ich zeichnete, weil die Zeichnung eine anders verschlungene Schrift ist. Die Malerei, der Kupferstich, die Lithographie schreckten mich ab. Ich wagte mich nicht an die Oberflächen, die sich wehren und sich versagen. Es war Picasso, der mich ermutigte und mir meine Ängstlichkeit vorwarf. Ich wagte mich also an die Lithographie *(Orpheus)*, die Radierung *(Bal du comte d'Orgel)*, die Wände *(Villa Santo Sospir)*, vor der Leinwand aber befiel mich immer noch eine ängstliche Scheu. Die Leinwand will nicht bemalt werden. Sie denkt: Man besudelt, man bekleistert, man verdirbt mich. Und van Gogh hat recht, wenn er sagt, der Maler dürfe nicht vor dem Bild erschrecken, sondern das Bild müsse vor dem Maler erschrecken.

Ich habe zu malen angefangen, weil ich der Tinte überdrüssig war und ein Bedürfnis spürte, das Ausdrucksmittel zu wechseln, das Gedränge in mir durch andere Türen hinauszubefördern. Ich habe zu malen angefangen, weil ich merkte, wie die Tätigkeit des Malens uns derart aus uns hinaus versetzt, daß sie uns betäubt und uns für alles, was nicht das Bild ist, völlig unempfindlich macht.

Nach und nach saugt das Bild unsere Kräfte ein, es beginnt zu leben und löst sich von uns ab. Wir sahen es an. Nun sieht es uns an. Gelassen fällt es sein Urteil über uns, dann macht es sich auf und davon. Uns bleibt nichts anderes übrig, als ein neues Bild anzufangen.

Malen, ohne Maler zu sein, ist kein bequemes Handwerk. Es geht darum, sich zuvor ein Problem zu stellen und dann seine Lösung zu suchen. Die sorgfältige Kopie einer abstrakten Bildvorstellung anzufertigen.

Diese Vorstellung und das, was daraus entsteht, entsprechen im allgemeinen nicht der Vorstellung, welche die anderen sich von dem machen, was wir tun sollten und was sie an unserer Stelle täten. Eine neue Einsamkeit tritt zu der Einsamkeit des Schreibens hinzu, eine der größten, die es gibt.

Es ist offenkundig, daß in der heutigen Welt eine tiefgreifende Umschichtung des Publikums vor sich geht. Die alte Elite ist nicht mehr. Und man täte unrecht, einige Gruppen für die Jugend zu halten, die nur deren theatralisches Zerrbild bieten. Ich hatte Gelegenheit, während eines Buchverkaufs im Vélodrome d'Hiver eine arme Jugend zu sehen, die Bücher kaufte, während die Reichen die Gewohnheit angenommen haben, sich die Bücher schenken zu lassen und sie nicht zu lesen.

Das Théâtre National Populaire hat uns bewiesen, daß die übertriebenen Eintrittspreise ein begeisterungsfähiges Publikum fernhielten. Im Jahre 1953 bringt eine elegante Galavorstellung ein Stück oder einen Film zur Strecke, und diese Werke finden nur bei der anonymen Zuschauermenge ein wirkliches Echo. Und eben diese Menge ist auch für jene Veranstaltungen empfänglich, von denen die Kritiker glauben, sie wendeten sich nur an eine Elite, aus einer verabscheuungswürdigen Geringschätzung für den Instinkt des großen Publikums.

Will man malen, ohne Maler zu sein, so besteht die Aufgabe darin, daß man sein unfehlbares Ich ein Bild erfinden läßt und dann sein fehlbares Ich in Schwung bringt, um diese innere Vorstellung zu kopieren, um sie hinauszustellen und dabei so wenig wie möglich das zu verraten, was jenes Ich uns diktiert, dem tausend andere Ich, die uns nur täuschen, mit all ihrem Geschick und Ungeschick das Konzept verrücken.

In diesem Geschäft besteht der Akt des Malens, ein Akt, der einen solchen Gehorsam fordert, daß er zur Hypnose wird und uns in eine solche Entrückung versetzt, daß Zeit und Umwelt nicht mehr vorhanden sind.

Kein anderes Tun, kein anderes Schauspiel bewirkt eine ähnliche Aufhebung der Person, und dieser Akt des Malens stellt sogar eine Therapie dar: Wenn wir krank oder erschöpft sind, so verschwindet dies alsbald mit uns in einem gänzlichen Nicht-Sein, in einem erbitterten Hin und Her zwischen dem in unserem Innern eingeschriebenen Bild und dem, was es nach außen überträgt.

Das gilt gleichfalls von dem Gedicht, das ohne unser Wissen in uns entsteht und das man mit der äußersten Behutsamkeit von Hacke und Spaten ausheben muß.

Übrigens findet man selten einen Dichter, der nicht auch Graphiker wäre und uns nicht am Rande seiner Werke einige Zeichnungen hinterließe. Baudelaire, Rimbaud, Verlaine bezeugen es. Victor Hugo überflügelt sie durch ein graphisches Werk, das seinen stärksten Dichtungen ebenbürtig ist. Man könnte meinen, ein Tintenfisch am Grunde des Meeres habe diese Tinte ausgespien.

Das Ungewöhnliche meines Falles liegt vielleicht darin, daß ich nicht nur mit der linken Hand gezeichnet und gemalt habe, daß ich im Zeichnen und Malen eher ein neues Ausdrucksmittel der Poesie als eine Erholung suchte. Ich habe unzählige Zeichnungen mit freien Darstellungen gemacht und viele Porträts, die sich im Besitz der Modelle befinden. Ich habe niemals eine Kopie behalten. Die jüngst entstandenen Zeichnungen dieser Monographie sind, mit Ausnahme der Studien zu dem Bildteppich *Judith und Holophernes*, eine Suite von Fugen, die entstanden, weil mich das

Thema des Orpheus verfolgte, wie mich früher einmal das Thema des Ödipus verfolgt hat.*

CHAMPOLLION

Jedes Werk, Gedicht oder Gemälde, das nach den Methoden des Halbschlafs ausgeführt wurde, das heißt, der Vermählung des Bewußtseins mit dem Unbewußten entsprungen ist, bedarf eines Champollion, der das Geheimnis seiner Schrift entdeckt und dieses nicht nur die anderen, sondern auch den Künstler selber lehrt. Es gibt kein Werk von Belang, das sich nicht durch Hieroglyphen ausdrückt, vermittels einer lebenden und toten Sprache, die erst entziffert werden muß. Bis dahin begehen die Leser oder Betrachter die gleichen Fehler, wie jene Gelehrten, die, vor Champollions Entdeckung, in den Hieroglyphen nur pittoreske Figuren sahen und sie jeder auf seine Weise ausdeuteten.

Eben diese Geheimsprache, die jedem Künstler eigen ist, entrückt die Werke in jene große Einsamkeit, von der schon die Rede war. Sie ist die Veranlassung, daß man sich fragt, ob die Kunst sich nicht nur an solche Personen wendet, die erraten, daß es sich um einen Rebus handelt, und sich damit zufriedengeben, sein Geheimnis zu wittern, oder aber an jene, die ihn nach einer verkehrten Methode auslegen, welche ihren Wünschen entspricht. Das war es wohl auch, was Rilke erklären wollte, als er mir schrieb,

* [*Anm. d. Hrsg.:* Von den 17 Zeichnungen der Originalausgabe wurden in den vorliegenden Band vier übernommen (s. Verzeichnis der Abbildungen). Ein Beispiel für die Studien zu *Judith und Holophernes* findet sich in dem Band »Theater I« dieser Ausgabe als Illustration zu dem Stück *Die Höllenmaschine.*]

daß die Dichter eine einzige Sprache sprechen, selbst wenn sie in fremden Sprachen sprechen und einander nicht verstehen. Diese Sprache muß insofern ein einziges Idiom sein, als sie sich durch Zeichen mitteilt und diese Zeichen vermutlich einer allgemeinen Regel unterstehen, die jeder Dichter seinem Sprachgebrauch anpaßt.

N.B. – Der Dämon des Begreifenwollens. Das ist gewiß die Ursünde im Paradies der Kunst. Vor allem seit die Kunst ein Selbstzweck geworden ist, was sie früher nicht war.

Früher ging man in die Kirche, um zu beten. Heute geht man dort Gemälde betrachten. Diese Gemälde waren nicht dazu da, betrachtet zu werden. Sie waren selbst ein Gebet und eine Huldigung.

Die Kapelle von Matisse in Vence. Die Reisenden suchen dort nicht eine Kapelle auf, sondern besuchen eine von den Klosterfrauen veranstaltete Ausstellung. Das gleiche geschieht in Rom oder Toledo. Museale Kirchen.

DANK AN DAS NEUE DEUTSCHLAND

Zeichnung und Malerei sind durch einen unberechenbaren Abstand voneinander geschieden. Eine Zeichnung, ich wiederhole es, ist etwas Geschriebenes. Ein Graphologe würde uns ebenso deutlich aus unserem Strich erkennen wie aus unseren Schriftzügen. In der Malerei jedoch geht es darum, eine Fläche zu bewältigen, über die der Zeichner wie ein Eisläufer hingleitet und seinen Namen ausschreibt. Der Maler dringt in diese Fläche ein und erfindet eine Tiefe, mit der verbissenen Ausdauer eines Gefangenen, der die Mauer seiner Zelle zu durchbrechen sucht. Das sind keine Sgraffiti mehr, die er dort einritzt oder hinkritzelt; hier handelt es sich um einen Fluchtversuch, den er so eifrig vorbereitet, daß er darüber sogar seinen Körper vergißt, daß er sich mit der Mauer identifiziert, die er einzureißen bemüht ist.

Seine Flucht ist stets zum Scheitern verurteilt. Immer findet er sich zuletzt in seinem Kerker wieder, nachdem er eine fiktive Bresche geschlagen hat, durch die das Heimlichste, das in ihm gefangen liegt, entrinnt und den Rest zurückläßt, nämlich seine sichtbare Person, der nun nichts übrigbleibt, als sich von neuem an die gleiche mühselige Arbeit zu machen. Darum schrieb ich in meinem *Journal d'un inconnu*, daß wir Zuchthäuser sind, daß unsere Werke ausgebrochene Sträflinge sind und daß es normal ist, wenn die Gesellschaft ihre Polizei und ihre Doggen auf uns hetzt.

Mit seinem philosophischen, seinem metaphysischen und metapsychischen Erbe ist Deutschland imstande, die Wege eines französischen Geistes zu verfolgen, der dem geschlossenen Kreis der Enzyklopädisten wenig abgewinnen kann. Ein offener Kreis hat von jeher die Seelen eines Landes angezogen, wo man nicht vor allem einen geistigen Komfort sucht und wo die Entdeckerlust nicht durch eine träge Bescheidwisserei erstickt wird. In Deutschland habe ich jenen Kontakt gefunden, bei dem meine Wellenlänge ankommt, und in Deutschland habe ich es gewagt, einige Geheimnisse meines Herzens ohne Scheu zu eröffnen.

EINE UNBEKANNTE SEXUALITÄT

Der Mechanismus, der uns treibt, die Schönheit eines Gemäldes zu empfinden – oder, genauer, die Verbindung von Linien und Formen, die uns zu erschüttern imstande ist –, stellt ein ähnliches Phänomen dar wie jenes, das unsere Vernunft überwältigt, wenn die Sexualität spricht. Eine Art psychischer Sexualität ruft eine seelische Erektion hervor, die der geschlechtlichen Erektion insofern gleicht, als sie unserer Kontrolle entzogen ist und uns unmittelbar beweist, daß gewisse Formen und Farben geeignet sind, eine geheime Stelle in unserem Organismus zu überzeugen. Tritt diese seelische Erektion nicht ein, so entspringt der Genuß, den ein Kunstwerk hervorruft, nur einem intellektuellen Platonismus, dessen Wahl kein Werturteil begründet. Er ist nur eine dilettantische Vorliebe, eine Meinung, die nicht dem Unausweichlichen unterworfen ist. Ich vermute, daß das genaue Bewußtsein dessen, was in dem Betrachter vorgeht, wenn das betrachtete Werk ihn erschüttert, all denen die Schamröte ins Gesicht treiben würde, die ihre sexuellen Geheimnisse verbergen und sie nur in einer Form verraten, bei der das Geständnis als Begeisterung auftritt.

Ich kenne jedoch Leute, die diesen Sachverhalt ahnen mögen, weil eine Art Scham sie hindert, ihre Begeisterung zu zeigen, und ihnen angesichts dessen, was sie am tiefsten erschüttert, eine fast frostige Zurückhaltung auferlegt. Eine solche Schamhaftigkeit ist häufiger, als man denkt. Sie erklärt zum Beispiel, warum die Seelen, die der Pfeil der Künstler getroffen hat, sich wohl hüten, es ihnen zu schreiben, während die nur oberflächlich geritzten Seelen den Künstlern schreiben; das bloße Interesse überwiegt hier die eigentliche Erschütterung.

Darum ist es uns fast unmöglich, die Wirksamkeit eines von uns geschriebenen oder gemalten Werkes abzuschätzen, da die echte Bewunderung sich nicht in Lobsprüchen ergeht und fast immer von einer unüberwindlichen Verlegenheit begleitet ist.

Wenn ich mich auf diese Untersuchung, die mir wichtig scheint, noch weiter einlasse, so fällt mir auf, daß das Kunstwerk, das einer Ethik und nicht einer Ästhetik entspringt, alle Merkmale einer gegenwärtigen Person aufweist, mit gewissen Einzelzügen, die nur ihr allein oder zumindest jener Kategorie angehören, welche gemeint ist, wenn die gewöhnlichen Leute, um ihr männliches oder weibliches Idealbild zu bezeichnen, sagen: »Das ist mein Typ.« Daß dieses Werk ein Geschlecht und ein Alter, eine Schwäche oder eine Stärke besitzt, die imstande sind, einer seelischen Sphäre zu genügen, die der Haut entspricht. Man könnte also von einem Werk sagen: *»Je l'ai dans l'âme«* (Es sitzt mir in der Seele), wie ein Mann von einer Frau, eine Frau von einem Manne sagt: *»Je l'ai dans la peau«* (Die – oder der – sitzt mir in der Haut). Es fragt sich nur noch, ob das Werk eine unabhängige Person wird oder ob es dem Künstler so innig verwachsen ist, daß er sein seelisches Fleisch darin entblößt.

Es versteht sich, daß hier nicht von den auf dem Gemälde dargestellten Körpern und Gesichtern die Rede ist, die diesem oder jenem gefallen oder mißfallen mögen, sondern von dem Körper und dem Gesicht an sich, die ein Gemälde, abgesehen von seinem Gegenstand, allein auf Grund seiner Gliederung und Verteilung darstellt. Wir müssen also hier die Liebhaber der Mona Lisa oder des David von Michelangelo ausschalten, und uns nur an die sehr wenigen halten, die in ein Werk verliebt sind, ohne daß sein Vorwurf dabei eine Rolle spielt. Wenn ich mich recht verständlich mache, so werden das solche Personen sein, die das geringste Kom-

ma eines Satzes, der unscheinbarste Pinselstrich eines Malers, die kleinste Erhebung eines Bildhauers in einen Zustand versetzen, wo alles von einer höheren Sexualität beherrscht wird. Die Kunstwerke wären demnach imstande, eine seelische Begierde zu erregen, die bis zu der Vorstellung des ausschließlichen Besitzes gehen kann, gegebenenfalls also bis zum Diebstahl des von diesem oder jener begehrten Gegenstandes.

Die Urteile über Kunst unterliegen im allgemeinen (und bisweilen, ohne daß der Urteilende es ahnt) einer unbewußten Beeinflussung durch den Namenszug des Künstlers und die Garantie, die dieser Namenszug darstellt. Unsere Kunstrichter gleichen jenen Zuschauern, die eine berühmte Tragödin beklatschen, noch ehe sie den Mund aufgetan hat. Kann man sie tadeln, da schon die bloße Erscheinung dieser Tragödin sich gleichsam über einem Piedestal der Legende erhebt? Die geringste von Matisse signierte Skizze wird von einer Unzahl früherer Werke getragen, die sie stützen und ihr ein Prestige verleihen. Aber dies hat mit dem Bereich, der mich hier beschäftigt, nichts zu tun, jenem Bereich, wo die Liebe einer unwiderstehlichen Anziehung entspricht, einer Anziehungskraft, der keinerlei Überlegung vorausgeht.

Die Aufgabe des Künstlers besteht demnach darin, einen Organismus zu erschaffen, der ein aus dem Leben des Künstlers geschöpftes Eigenleben besitzt, dessen Bestimmung nicht darin liegt, Überraschung, Gefallen oder Mißfallen hervorzurufen, sondern darin, wirksam genug zu sein, um gewisse geheime Sinne zu erregen, die nur auf gewisse Zeichen antworten, welche für die einen die Schönheit, für andere das Formlose und Häßliche bedeuten. Alles Übrige wird nur pittoresk und phantasievoll ausfallen, zwei verabscheuungswürdige Worte im Bereich der künstlerischen Schöpfung.

DIE KÖNIGSSPEISE

Wenn der Dichter etwas erträumt, so nicht, berühmt zu werden, sondern Glauben zu finden. Hier beginnt sein Leidensweg. Selbst wenn man ihn liest, so fühlen seine Leser sich doch nur von dem angezogen, was ihnen mit ihren eigenen Gefühlen übereinzustimmen scheint. Sie lesen nicht. Sie lesen sich. Sie betrachten nicht. Sie betrachten sich. Jedes Werk dient ihnen als Spiegel. Was von dem Leser abweicht, das unterschlägt er. Nur wenig von dem, was man absondert, wird aufgenommen. Denn um eine Absonderung handelt es sich in der Tat. Alles, was der Dichter aufnimmt, verbindet sich miteinander, bringt eine Art schwarzen Honig hervor und gewiß, in kleinsten Mengen, eine Substanz, die sich der Königsspeise vergleichen läßt, womit die Bienen ihre Königin ernähren und die den Göttern Unsterblichkeit verlieh.

Vielleicht ist es diese Substanz, die gewissen Werken schließlich so etwas wie eine heimliche Unsterblichkeit verleiht.

Aus diesen infinitesimalen Dosen, in denen sich die Seele des Künstlers ohne die mindeste Beimengung einer Unreinigkeit ergießt, schöpft sein Werk seine tiefere Macht.

Die, welche seine Texte lesen, seine Bilder betrachten, bemerken keinen Unterschied, aber die Unterscheidung vollzieht sich ganz von selbst und im verborgenen. Gewisse Dichter liefern uns einen sichtbaren Beweis dafür, denn sie überdauern nur durch ein Gedicht oder eine Strophe, die das Ganze des Gebäudes aufrecht halten. Guillaume Apollinaire taufte sie »Ereignis-Gedichte«. *La Chanson du Mal-aimé, Les Colchiques* können als Beispiel dienen. Und mitunter ist es nur eine einzige Zeile, die den Sieg behält, wie es bei Baudelaire vorkommt, wo ein Vers wie *»Et tes pieds s'endormaient dans mes mains fraternelles« (Le Balcon)* oder *»La servante au grand coeur dont vous étiez jalouse«* genügt, um das ganze Stück emporzutragen.

In den Museen – es sei denn, man unterrichte sich vorher und befrage den Katalog – fühlen wir uns gleich von gewissen Zeichen angesprochen, die uns die Wirkung der Königssubstanz verraten. Ein Blick, eine Gebärde, eine gewisse Verteilung der Formen, und Piero della Francesca, Michelangelo, Vermeer, van Gogh, Corot, Renoir, Cézanne reden uns an; sie sagen: »Da bin ich.«

Doch wie selten ist diese Zwiesprache zwischen dem Betrachter und dem Künstler geworden. Der Gegenstand siegt über die Darstellung. Das Modell über das Werk. Der Vorwand, der dem Künstler nur dazu dient, sich zu vergegenwärtigen, drängt sich in den Vordergrund. Er gefällt oder stößt ab, aber nur oberflächlich, und ruft nicht jenen *coup de foudre* hervor, von dem ich schon sagte, daß er den Gesetzen des sexuellen Mechanismus gleicht.

Trotzdem die landläufige Meinung dahin geht, die Kunst sei ein Luxus, so fährt sie doch nicht minder fort, ihr priesterliches Amt auszuüben und durch Vermittlung derer, die sie erschüttert, ihre Notwendigkeit zu beweisen.

In seinem Buche über das Imaginäre Museum der Skulptur hat André Malraux aus allen Jahrhunderten die Kunstwerke zusammengestellt, die am meisten danach angetan sind, diese Erschütterung hervorzurufen. Er führt den Beweis, daß die plastischen Besonderheiten, die geeignet sind, die Sinne der Seele zu wecken, weniger dem Belieben des einzelnen anheimgestellt sind, als vielmehr von jenem Äußersten abhängen, darin die Kulturen sich bestätigen, darin ihre Wahrheit aufglüht und sich verklärt, ohne daß die Ästhetik sich einmischt oder der Konformismus der Schönheit.

Es bedarf eines großen Abstandes, damit eine solche Auswahl möglich wird. Eine große Anzahl von Hauptwerken einer Zeit blieben unsichtbar, waren von anderen nicht zu unterscheiden, wegen der ihnen beigelegten religiösen oder abergläubischen Bedeutung.

Es gibt zahllose Register ähnlicher Gestalten, von denen endlich eine einzige sich abhebt und aus dem anonymen Packen springt wie die Karte eines Taschenspielers.

MARCO POLO

Ich habe gewiß in unserer Epoche, wo der Mensch sich zugunsten der Gruppen entindividualisiert, die Sünde des Individualismus begangen. Die Milch dieser Todsünde habe ich bereits bei meinen Meistern eingesogen. Picasso gibt uns das typische Beispiel eines Individualisten, und er treibt die Methode so weit, daß er selbst das heiligt, was gemeinhin als Fehltritt gilt, so daß er niemals einen einzigen begehen kann.

Der Individualismus besteht in der Tat darin, von einer – selber sehr schwankenden – Norm abzuweichen, die Woge zu durchschneiden, den Gewohnheiten beständig ein Bein zu stellen, wahr zu sein um jeden Preis, mit einer Wahrheit, die nicht die der anderen ist und deshalb leicht für paradox und Lüge gehalten wird.

Der Individualismus befleißigt sich eines leidenschaftlichen Ungehorsams, bis er genügend Wähler hinter sich hat, um seinen Ungehorsam zum Dogma zu erheben, und

bis dieses Dogma seinerseits von einem neuen Ketzer überwunden wird.

Der Individualist ist seinem Wesen nach ein Ketzer. Er entgeht dem Scheiterhaufen nur, wenn er kräftig genug ist, um mit seiner Häresie einen Kult zu begründen. Leider geschieht es nicht selten, daß der Individualist dem Haß einer Gesellschaft erliegt, die ihn als störend empfindet und ihn ausstößt.

Ich mußte sogar erleben, daß man mich anläßlich meines Stückes *Bacchus* der wirklichen Häresie bezichtigte. Die künstlerische Ketzerei und die religiöse Häresie ergaben zusammen eine höchst unterhaltsame Kriegsmaschine.

Bacchus ist jedoch ein objektives Stück, in dem der junge Ketzer seine Rolle mit der gleichen Berechtigung spielt wie der Bischof, der Kardinal und der Profoß.

Bei einer Pressekonferenz vor der Aufführung in Düsseldorf hielt mir ein Journalist auf meine Behauptung, *Bacchus* sei ein objektives Werk, die wohlbegründete Ansicht entgegen, das Werk eines Dichters könne nur subjektiv sein. Ich erklärte ihm, daß er ebenso recht habe wie ich, da der Dichter im guten Glauben, objektiv zu schreiben, unbewußt an diesem objektiven Schreiben beteiligt sei. Was nicht bedeute, daß der Dichter eine Meinung vertrete, nach rechts oder links neige. Es bedeutet nichts anderes, als daß er, was er auch tut, sein eigenes Porträt ausführt. Nur liegt dieses heimliche Porträt mehr in dem Kunstwerk selbst als in seinem Gegenstand, mehr in seiner Gestaltung als in den Ideen, die dort vertreten werden.

Im Falle des *Bacchus* in Frankreich war wohl die künstlerische Ketzerei meines Vorgehens die Veranlassung, daß man es mit einem Akt religiöser Häresie zu tun zu haben glaubte. Um den es sich keineswegs handelte.

Was in der Seele eines Dichters vorgeht, ist ebenso entlegen und ebenso unglaubhaft wie die Sitten der Mongolen unter Kublai, dem Enkel des Dschingis-Khan. Darum gelten die Dichter als Lügner, wie Marco Polo bis zu seinem letzten Atemzuge als Lügner galt. In Venedig hieß er nur »Der Lügner«, und man ahmte seine Erinnerungen zum Spott nach, als handele es sich um Hirngespinste. Dabei erzählte er wenig. Vor allem war es die Steinkohle, die das Gelächter herausforderte: ein schwarzer Stein, der brennt und das Holz ersetzt.

Es gibt nichts Würdigeres und nichts Bösartigeres als die erstaunliche Unterredung zwischen Marco Polo auf seinem Sterbebett und dem Priester-Notar, der ihm Beistand leistete. Dieser Priester, der ihn beschwor, er möge doch endlich bekennen, daß er ein Lügner sei, daß seine Entdeckungen nur Lügen seien, hält ihm unter anderem entgegen: »Wie hätte Jesus Christus, unser Herr, auf eine runde Erde herniedersteigen können?«

Marco Polo ist nun sechzig Jahre alt. Bis zu seinem achtundzwanzigsten Jahre hat er in China gelebt, an dem Hofe des Mongolenherrschers Kublai; dieser hatte ihm Glauben geschenkt und sich zum Beispiel sehr wißbegierig gezeigt, etwas über den Papst zu erfahren. Schon im Kerker zu Genua ärgerte Marco Polo sich über Rusticiano, dem er seine Memoiren diktierte, weil der Dichter sie mit ritterlichen Abenteuern aufputzte, bei denen Frauen Männerkleider anlegen und gegen die Ungläubigen zu Felde ziehen.

In Venedig hatte Marco Polo sich mit jenem dichten düsteren Gewölk umgeben, darin die einsamen Seelen Zu-

Jean Cocteau

flucht suchen vor der Gesellschaft, die sie verstößt. Aber was die Anklage der Lüge betrifft, so bleibt er unnachgiebig, mit beharrlicher Sanftheit die Wahrheit seiner Worte beteuernd.

Allen Drohungen zum Trotz diktiert er ein Testament, das die Ungläubigkeit des Priester-Notars beinahe wertlos macht. Er schließt die Augen. Wieder sieht er den Fürsten vor sich, wie er allmorgendlich der Sonne den Befehl erteilte, sich zu erheben, damit seine Untertanen daran glaubten, während er selber den himmlischen Mechanismus aus der Wissenschaft seiner Sternseher kannte. Wieder sieht er die Erfindung des Buchdrucks und des Papiergelds aus Maulbeerrinde, gegen welches Kublai das Gold seiner Völker eintauschte. Wieder sieht er den Prunk der Gastmähler und Jagden, das Heer der Gaukler und Akrobaten, mit denen zusammen er auf Geheiß des Fürsten die Inseln besiegen, das Unbetretbare betreten und Wundertaten vortäuschen sollte. Wieder sieht er die Prinzessin, die er auf seiner Rückreise nach Persien begleitete. Auf Sumatra erblicken sie zusammen Einhörner, die sich von keiner Jungfrau zähmen lassen. Wieder sieht er jene Flotte, die nach und nach der Zerstörung anheimfiel. Sieht seine letzten Lumpen, deren Taschen voller Perlen und Smaragden stecken. An seinem Geiste ziehen jene drei Jahre vorüber, die sie auf gefährlichen Meeren verbrachten, welche man für Seen gehalten hatte. Wie eine innere Welt sieht er, da er sie nicht mitteilen kann, jene wirkliche Welt vor sich, diesen Traum, der keiner war und der weit über seinen Tod hinaus die Unwahrscheinlichkeit des Traumes behalten wird.

Es gibt, so will mir scheinen, kein tragischeres Bild der Einsamkeit als diesen Tod des Marco Polo, jener Einsamkeit, in der die Dichter leben, die man als Träumer behandelt, während sie von einer Wahrheit Zeugnis geben, die ihr ureigenster Besitz ist.

Man kann einen Menschen nicht bewundern, ohne ihm Glauben zu schenken. Alles andere ist Phantasie. Ein gräßliches Wort, eine Beleidigung, die man uns unaufhörlich zufügt, unter dem Vorwand, uns eine Ehre zu erweisen.

Der Bericht meines Lebens würde den Berichten unseres Venezianers ähnlich sehen; ich verzichte darauf. Ich könnte nur eine Skizze liefern, die ebenso dürftig ausfiele wie die geographischen Karten des dreizehnten Jahrhunderts, ebenso kindlich, wie der künftigen Wissenschaft die Tafeln mit den Abbildungen unseres Nervensystems vorkommen werden. Vielleicht wird eines Tages ein Linguist der Seele meine Zeichen entziffern und entdecken, daß ich eine lebende und tote Sprache sprach, jene, von der Rilke annimmt, daß sie allen Dichtern gemeinsam sei, selbst wenn sie einander nicht verstehen können. Und wie Marco Polo sich manchmal fragen mochte, ob er dreißig Jahre geschlafen habe, ebenso fragt der Dichter sich bisweilen, ob er wirklich diese Werke hervorbringen konnte, die er hervorgebracht hat, und deren Geburt nur aus der geheimnisvollen Vermählung des Bewußtseins mit dem Unbewußten möglich scheint.

ENTSCHULDIGUNGEN

Der vorliegende Text, der von dem Weg eines Dichters Bescheid geben soll, steht am Ausgang einer langen Periode des Wiederkäuens, der Selbstauslegung; wozu ich mich notgedrungen veranlaßt sah, da ich nirgendwo anders die Lichter fand, die meine Straßen erhellt hätten. Ich bitte dafür um Vergebung. Doch schließe ich aus meiner eigenen Verlegenheit, wie schwierig es sein mag, einem Werk zu folgen, das seine Fäden verkreuzt und verwebt wie eine Spinne, die den Regeln der Natur zuwiderhandelt.

Unsere Epoche, die immer alles gleich abstempeln möchte, ermattet rasch, wenn sie einem Unternehmen folgen soll, das auf verschiedenen Ebenen vorangetrieben wird, oder einem Reisenden, der öfters das Fahrzeug wechselt (der seine Fahrzeuge ausruhen läßt).

Ich weiß, daß die Vorworte die Bücher beschweren und, wie Gide zu sagen pflegte, dem, was nur aufzusteigen verlangt, eine Fessel anlegen. Doch es kommt der Tag, wo die Lektüre des Vorworts sich erübrigt, wo das Werk sein Vorwort mit sich hinaufnimmt und es mitten im Fluge losläßt. Bis dahin, meine ich, bedarf ein Werk noch seines Führers, trotz eines hartnäckigen Bestrebens, ihn abzuschütteln.

Ich werde öfters gefragt, ob ich mein Leben noch einmal von vorne beginnen möchte, das heißt, ob ich, ohne seine Fallen und Schlingen im voraus zu kennen und ohne das Geringste daran ändern zu können, genau das gleiche Leben noch einmal von vorne durchleben wollte. Um nichts in der Welt. Das Leben der Dichter ist eine Tragödie und es muß einen letzten Akt geben. Mag der Tod den Vorhang darüber senken. Vor diesem Tode fürchte ich mich nicht. Ich war ebenso tot vor meiner Geburt, wie ich es nach meinem Leben sein werde. Seit unendlicher Zeit also ist mir der Zustand des Entpersönlichtseins wohl vertraut. Mein Intermezzo zwischen diesen beiden Toden wird ungestüm und schön gewesen sein. Ich weiß nicht, was der letzte Akt mir vorbehält, doch ich möchte es auch nicht wissen; ich ziehe es vor, mich als Zuschauer überraschen zu lassen, und scheue die Horoskope oder ähnliche Methoden, welche uns vor Ereignissen warnen könnten, die uns unheilvoll erscheinen und die vielleicht den kostbarsten Einschuß unseres Gewebes darstellen.

Allerdings bieten uns die Ereignisse, während sie durch uns hindurchgehen, mehrere Gesichter auf einmal, woraus das große Rätsel des unausweichlichen Schicksals und des freien Willens entspringt.

Alles in allem ziehe ich den ausgeklügelten Systemen mit zweifelhaftem Gewinn die großen Glücks- und Unglücksfälle vor. Es ist auch bemerkenswert, daß die kräftigen Seelen sich weigern, auf Warnungen zu hören, oder daß diese Warnungen ihnen ebenso verächtlich erscheinen wie die Vorsicht. Napoleon war durch Horoskope gewarnt worden. »Geboren, von Wasser umgeben, stirbt er von Wasser umgeben« (Horoskop des roten Mannes in den Tuilerien). Nichtsdestoweniger hat er sich für die englische Hilfe entschieden. Eine stärkere Macht trieb ihn in den letzten Akt von Sankt Helena und ersparte ihm gewiß das Schlimmste: einen mittelmäßigen letzten Akt ohne Zusammenhang mit den übrigen Teilen der Tragödie.

EINSAME VERPFLICHTUNG

Man bedenkt mich, bunt durcheinander, mit den gröbsten Schmähungen und dem höchsten Lob. Ich habe meine Stadt verlassen und mich in »Quarantäne« begeben, weil das, dem ich verpflichtet bin, dem mein *engagement* gilt, in mir selbst liegt und nicht außerhalb meiner.

Über dieses Modewort *engagement* muß ich mich hier etwas näher erklären.

Die rein äußerliche Verpflichtung ohne den Glauben

ist ein Sakrileg. Niemals könnte ich mich dazu entschließen. Ich bin ein Anachronismus. Ein freier Mensch. Ich weiß nicht recht, was mit uns gespielt wird. Ich vermute, daß leider sehr viel weniger dahinter steckt, als man glaubt. Doch der Spieler, der das nicht weiß, ist der Betrogene. Wenn ich mich betrügen lasse, so soll es in einem System geschehen, das ich gründlich kenne oder zu kennen glaube.

Der Kommunist, der sich ohne tiefen Glauben dem Kommunismus verpflichtet, ist ebenso schuldig wie ein Katholik, der ohne Glauben die Kommunion empfängt, aus bloßer Gewohnheit.

Ich weiß zur Genüge, wie es einem Menschen ergeht, der sich weder der Rechten noch der Linken anschließt. Er gilt als Opportunist. Denn die Isten und Ismen gedeihen prächtig. Ich weiß auch, daß man unsere heutige Unordnung in eine Ordnung, die Unausgewogenheit in eine Art Gleichgewicht gebracht hat und daß unsere moderne Literatur einem stürzenden Menschen gleicht, der in einer Bewegung seines Sturzes erstarrt ist. Ich weiß, daß die Unordnung Unordnung erzeugt und daß die Kette des Augenblickserfolges den Einschlag des Unzeitgemäßen zu zerreißen droht, das früher die beste Anlage des geistigen Vermögens darstellte.

Man wiederholt der Jugend alle Tage, daß es kein Morgen für sie geben wird. Und dieser Kult des Augenblicks bringt einen jungen Italiener dahin, seinen Lehrer zu töten, weil er ihm die Note 4 erteilt, und einen jungen Franzosen, seine beiden Eltern zu töten, weil sie ihm im Wege sind. Diese Verbrecher sehen nicht die Folgen ihres Verbrechens. Der Augenblick hält sie gefangen. Sie leben nur in der gegenwärtigen Minute. Indem man sie der Hoffnung beraubt, treibt man sie zum Verbrechen.

Obgleich ich es scheue, mich zu verbreiten, es hasse, Zeilen zu schinden, und meinen Worten gerne die noble Trockenheit der Zahlen verleihe, so muß ich hier doch bei dem Drama des Augenblickserfolges und einer Aktualität verweilen, die selbst in unsere inaktuellsten Bereiche eindringt.

Zwei Gefahren drohen der Kunst. Die des Journalismus und die des Digest. Soeben erfahre ich, daß man für die Arbeiter in den nördlichen Kohlenrevieren Romane herausgegeben hat, die »im Stehen zu lesen« (sic) sind, und ich muß feststellen, mit welcher Verachtung man jene Einrichtungen behandelt, die nicht mittelbar oder unmittelbar mit dem politischen Machtkampf und dem Klassenkampf zusammenhängen.

Es gibt keine einzige Kunstzeitschrift, in der man sich nicht auf jeder Seite mit den Problemen befaßte, von denen in der Presse die Rede ist. Man bedenke, wie Bossuet über das Jahrhundert Ludwigs XIV. urteilte, das in seinen Augen eine »schlechte und kleine Zeit« war. Denn jede Epoche hält sich für schlecht und klein. Da gibt es »nichts, nichts, nichts«, wie Musset von der seinen sagt.

Aber was unsere Epoche kennzeichnet, ist die Angst, für dumm zu gelten, wenn man etwas lobt, und die Gewißheit, für gescheit zu gelten, wenn man etwas tadelt. Was die Schönheit nicht hindert, mitten unter uns geboren zu werden und in der Stille zu wachsen unter dem Bogen der Geschosse.

Bei ihrer Geburt ist die Schönheit immer unsichtbar. Sie steht unter dem Schutz einer Fee, die ihr sagt: »Du wirst häßlich scheinen«, oder die sie mit einer Wolke umgibt. Der Eifer nach einer möglichst raschen Sichtbarkeit treibt die einen, einen höheren Journalismus für das einzig taugliche Verfahren zu halten, die anderen, so schnell zu fahren, daß sie gar nichts sehen können. Nicht als ob die Schriftsteller irgendwelchen Befehlen gehorchten, aber sie erliegen einer Ansteckung der Steuerung, einem Rausch, den einsamen Wanderer zu bespritzen.

Der einsame Wanderer wird immer seltener. Er verzichtet bald auf seine Wanderung, pflanzt sich am Rande der Straße auf und ergibt sich der Pantomime des Anhaltens.

Nun ist er eingestiegen – eingefangen, möchte ich sagen – und sitzt in einem Wagen, der nicht einmal der seine ist, aus bloßer Trägheit, die ihn hindert, den Weg unter die eigenen Füße zu nehmen.

Die einsamen Wanderer, zu denen ich mich rechne, lassen sich zählen, und meine Wanderschaft wird von einer unbegreiflichen Einsamkeit sein, da diese nicht verhütet, daß man mir nicht geheure Absichten zuschreibt und andichtet, daß die Scheinwerfer mich suchen und daß man mich beschuldigt, links oder rechts von der Straße Kräuter zu sammeln und dort Pflanzen zu pflücken, die in keiner Pharmakopöe zugelassen sind. Kurz, daß Paris mir seit dreißig Jahren einen Prozeß macht ähnlich jenem, den die medizinische Fakultät gegen die Quacksalber anstrengt.

Meine Haushälterin Madeleine hat das erfaßt. Wenn sie im Palais Royal, wo ich in einer winzigen Wohnung hause, die Menge der Besucher fortdrängt, die vor meiner Türe warten, dann höre ich sie sagen: »Die scheinen zu glauben, Monsieur Jean sei ein Wunderdoktor.«

Aber leider besitze ich kein einziges Zauberkraut. Gleich den Wunderdoktoren kann ich meine Besucher nur ermutigen, sich selbst zu behandeln.

WAS ICH IM DUNKLEN GEHEN NENNE

Wenn ich, über meine Bücher, meine Theaterstücke, meine Filme hinaus, mich als Einzelgänger, und zwar ohne Hilfe der Verkehrsbüros, auf eine Reise um die Welt in achtzig Tagen eingelassen habe, auf Präsidentschaften, Zeitungsartikel, Vorworte, Grammophonplatten, Ballette, Bühnenbilder, Kostüme, Masken, Vorhänge, Wandteppiche, Mosaike, wenn ich mich des Negerboxers Al Brown angenommen, wenn ich Clowns, Tänzer und Akrobaten beschäftigt habe, so nicht, um mich zu verzetteln und der allgemeinen Heerstraße zu folgen. Ich habe nie die geringste Arbeit nur mit der linken Hand und nur so obenhin getan. Jedesmal habe ich den Raum ausgefüllt, den ich mir abgesteckt hatte, damit der Gegenstand meiner Bemühung nicht in den vorher errichteten Wänden hin und her schwanke. Und selbst, als ich mich auf die allgemeine Heerstraße zu begeben schien, um einen ehemaligen Weltmeister, den die Sportkreise schon beinahe für erledigt hielten, wieder in den Ring zu bringen, geschah dies, weil ich mir beweisen wollte, daß der Dichter, wie der Taugenichts, zu allem taugt, daß dem, der will, keine Tätigkeit verschlossen ist, daß dem intellektuellen und moralischen Athletismus, der das Ergebnis einer langen geistigen Gymnastik ist, keine Anstrengung unmöglich, daß keine Herberge unter der Würde des einsamen Wanderers ist.

Nach zwölf siegreichen Kämpfen unter meiner Aufsicht kamen wir, da der Beweis erbracht war, daß sogar das Prestige eines Sportlers einer aktiven Poesie entspringt, mit Al Brown überein, es erübrige sich, den Beweis noch weiter zu treiben. Wie man mich beschimpft hatte, weil ich ihn wieder zwischen die Seile brachte, so nahm ich es hin, daß man mich abermals beschimpfte, weil ich ihn daraus zurückzog. Der Raum, den ich mir abgesteckt hatte, war ausgefüllt. Das weitere war in seinen wie in meinen Augen völlig belanglos. Er hatte eingewilligt, ein Glied in meiner Kette zu sein, eines jener zu lösenden Probleme, von denen ich erst ablasse, wenn die Gesamtsumme errechnet ist.

Man behauptet, ich besäße eine gewisse Leichtigkeit. In Wahrheit besitze ich nichts davon. Eben der Mangel an Leichtigkeit ist es, was mich an einer Aufgabe reizt und mich für die anderen blind macht. Deshalb ist mein Werk so verschiedenartig, so vielfältig, ohne daß ich begreife, wo noch wie ich es in die Welt gesetzt habe.

Das einzige Problem, das ich leichten Herzens außer acht gelassen habe, ist das des Geldverdienens, denn ich konnte nicht gleichzeitig schöpferisch sein und daraus Gewinn schlagen. Wenn andere ihren Vorteil dabei gefunden haben, wohl bekomm es ihnen. Es gibt jedoch Zahlen und Zahlen. Die meinen tragen nur in einem Bereich etwas ein, wo das Gold mein Vermögen entwerten würde. Wie jedem anderen Problem muß man auch dem des Goldes sich aufopfern, und ich bewundere die Menschen, die ihm eine eigentümliche Poesie entlocken. Ich bin mit offenen Händen geboren. Und in dem *Journal d'un inconnu* habe ich geschrieben, daß es eine Rasse des Wer-verliert-gewinnt gibt und eine Rasse des Wer-gewinnt-verliert. Das Wer-verliert-gewinnt ist mit einer Art Scheitern im Sichtbaren verbunden, ohne welches kein Sieg in die Tiefe reicht. Ich ehre die erstaunliche ablehnende Antwort, die Indien 1870 gewissen hohen englischen Intelligenzen erteilte, die, wenn auch zu spät, begriffen, daß Weisheit nicht Handel heißt und daß man unter dem Anschein des Verlustes die Partie gewinnen kann.

ECCE HOMO

Ich weiß wohl, wie unmanierlich es ist, von sich selbst zu reden, und welchem Tadel man sich dabei aussetzt. Aber wenn ich von mir rede, so rede ich doch nicht von mir. Man hat mich um eine Studie über meine Arbeit gebeten. Es blieb mir also nichts anderes übrig, als unverschämterweise zu erklären, daß sie ein priesterliches Amt ist und wie ich dieses Amt auffasse.

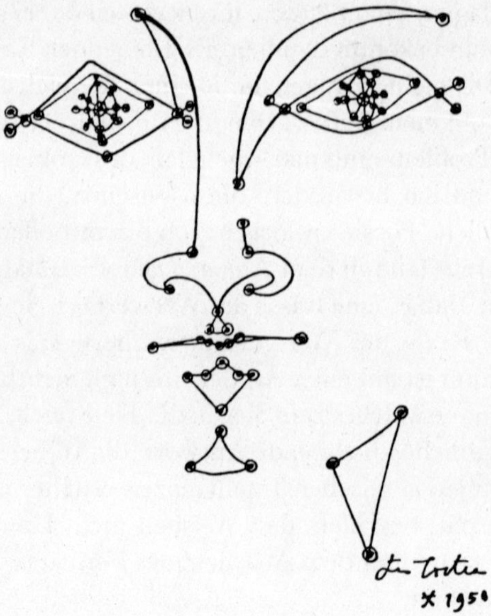

GESTÄNDNIS

Und nun muß ich das Unverzeihliche gestehen, das Ärgernis in einer Zeit, die das Glück verachtet: Ich bin glücklich. Und ich will auch das Geheimnis meines Glückes verraten. Es ist einfach. Ich liebe meine Mitmenschen. Ich liebe zu lieben. Ich hasse den Haß. Ich bemühe mich, zu verstehen und gelten zu lassen. Jedes Schauspiel bietet mir einen Ausfahrthafen, und ich werde es nicht müde, immer wieder in See zu stechen, um etwas Neues zu entdecken. Der Erfolg eines meiner Gefährten bereitet mir Genugtuung, und mit Erstaunen beobachte ich eine Welt, wo der Erfolg eines anderen als eine Verletzung empfunden wird. Ich verlasse mich selbstsüchtigerweise auf jenen wahren Grundsatz, daß eine hübsche Frau unter lauter hübschen Frauen sehr viel vorteilhafter wirkt als unter lauter häßlichen. Meine Einsamkeit wird erhellt von Lichtern, die man auf Werke richtet, welche ich billige und die man mir entgegensetzt. Wenn ich ein Werk mißbillige, so suche ich das darin zu entdecken, was mich überzeugen könnte. Kurz, ich bin glücklich, durch die Schule so edler Freundschaften gegangen zu sein, daß ihre Tugenden die Macht hatten, die man für gewöhnlich den Lastern zuschreibt. Durch die Schule jener, die lieben, wie man sonst verabscheut. Durch die Schule jener, die ihre Türe weit auftun, aus Furcht, den unbekannten Gast abzuweisen.

Ich bin Pessimist aus Optimismus, aus der Überzeugung, daß alles besser ist, als es sich darstellt, aus einem völlig närrischen Verlangen nach Eintracht.

Ich bin über das Alter hinaus, wo die Ungerechtigkeit ein Gesetz der Verteidigung ist, wo die Liebe einem zusetzt wie eine Krankheit, die es um jeden Preis wieder loszuwerden gilt. Ich bin in dem Alter, wo ich die Übermacht eines Stärkeren nicht mehr fürchte. Im Gegenteil, ich versuche, den Stärkeren gastlich aufzunehmen und ihm einen königlichen Empfang zu bereiten. Und jeden Abend lege ich mich glücklich nieder, wenn ich meinem Nächsten auf keine Weise geschadet habe.

Dieses Geheimnis des Glückes schenke ich allen, die danach verlangen, samt dem Mittel, sich seiner zu bedienen, denn es ist nicht verkäuflich, und ich kenne manchen Griesgram, der glaubt, man schenke ihm ein Geheimnis nur, um ihn zu narren, und der vielleicht ein größeres Vertrauen darein setzen würde, wenn man es ihm gegen Geld abließe. Solchen Leuten aber fallen meine Bücher wie welke Blätter aus den Händen. Mir ist nur an einem Publikum gelegen, das nicht voller Vorurteile steckt, das nicht gleich die Stacheln sträubt und in Deckung geht.

DER WANDTEPPICH JUDITH UND HOLOPHERNES

Die Veranlassung zu diesem Wandteppich war das Problem, das der Bildteppich gegenüber der Malerei stellt. Ein Teppich, der nach der Vorlage eines Gemäldes hergestellt ist, bleibt eine in die Sprache der Wolle übersetzte Malerei; ein echter Bildteppich hingegen bedarf einer besonderen Vorarbeit, um das zu werden, was er sein soll, statt bei der Übersetzung nur Einbußen zu erleiden. Es handelt sich gewissermaßen darum, in einer Sprache zu schreiben, während man beständig bedenkt, wie sich der Text in einer anderen Sprache ausnehmen wird, und also auch, welche Ausdruckskräfte ihm bei dieser Übertragung zuwachsen werden.

Für den Bildteppich der Judith habe ich mich eines schwarzen Grundes bedient, auf den ich mit farbigen Kreiden zeichnete und rieb. Niemals ließ ich dabei aus den Augen, daß dieses matte schiefergraue Schwarz als Tiefschwarz erscheinen, daß diese Pastell- und Kreidetöne zu den feinsten Übergängen von einem Farbton zum anderen Veranlassung geben würden. Ich wandte mich nicht an jene Werkstätten, wo man zugunsten der glatten Oberflächen die ältere Technik der erhabenen Arbeit und der Abschattungen vernachlässigt. Ich wandte mich an das Atelier Bouret in Aubusson, von dem ich wußte, daß es eine besondere Fertigkeit besaß, die Amoretten des 18. Jahrhunderts und die Blumengewinde nachzubilden.

So hatten die Arbeiterinnen frische Augen und frische Hände; sie versuchten nicht, die Arbeit zu vereinfachen, und indem sie die glatten Flächen mit kräftigen Fäden durchzogen, erzielten sie einen unvergleichlichen Reichtum des Materials.

Man mag mein Werk schätzen oder nicht, aber jeder, der zu sehen versteht, wird die Leistung der Künstler, die es übersetzten, anerkennen und eine handwerkliche Geschicklichkeit bewundern müssen, bei der man auf drei Meter glauben könnte, ein Hauch genügt, um die Farben auszulöschen.

Es ist betrüblich, daß dergleichen Handwerker aussterben und keine Schüler ausbilden, da die Jungen die Maschinen vorziehen und es ablehnen, die Mühen des Handwerks auf sich zu nehmen.

Das Handwerk ist die letzte Waffe Frankreichs, das zu industriellen Leistungen wenig geschaffen ist. Frankreich ist ein großes Dorf, ein Kaffeehaus, in dem man miteinander disputiert, ein Kirchturm, auf dem sich eine Windfahne dreht, die einen Hahn darstellt. Überall vererben sich dort die sonderbarsten Spezialitäten, und es kann geschehen, daß man durch einen Flecken (unweit Orange) kommt, wo eine Sorte vielfarbiger Besen hergestellt wird, die man nirgendwo anders findet.

Das Handwerk nicht zu unterstützen ist ein schwerer Fehler. Was mich unter anderem veranlaßt hat, diesen Wandteppich herstellen zu lassen, war meine Hochachtung vor den Arbeitern und Arbeiterinnen von Aubusson und mein Verlangen, ihnen Beistand zu leisten, zu beweisen, daß eine Tradition noch nicht erloschen sei, die jener Harfenisten des Schweigens, die unseren Augen aufspielen, mit den Wollfäden, den Schiffchen, mit der Behendigkeit der Seele, des Blicks und der Finger.

Die Manufaktur von Gobelins hatte mir einen Teppich in Auftrag gegeben. Als der Direktor mich fragte, was ich zu unternehmen gedächte, antwortete ich: Ein Sujet, wie es für den Prix de Rome üblich ist. – Und welches? – Zum Beispiel *Judith und Holophernes*. Ich machte mich an die Arbeit. Die Manufaktur verfolgte deren Entwicklung. Es schien mir jedoch vorteilhafter, wenn ich Herr meines Unternehmens bliebe, und ich nahm einen Wechsel in der Leitung der Manufaktur wahr, um mich nach Aubusson zu begeben und dort den Teppich auf meine Kosten ausführen zu lassen. Augenblicklich wird in Aubusson ein zweites Exemplar hergestellt.

Drei weitere Teppiche sollen folgen. *1. Mittelmeer* (Werkstätten Madame Cuttoli); *2. Geburt des Pegasus* (Werkstätten Bouret, Aubusson); *3. Mutter und Tochter in einem Garten* (Werkstätten Madame Cuttoli).

ZEICHNUNGEN ZU ORPHÉE

Die Zeichnungen sind fast alle während meiner Arbeit an dem Film *Orphée* entstanden. Da ich den Mythos modernisierte, um ihn dem Publikum nahezubringen, so befreite ich mich von dem eigentlichen orphischen Thema durch das Zeichnen.

Es war mir nicht möglich, der Hauptperson in diesem Film ihre Bedeutung als Eingeweihter, als Gesetzgeber zu verleihen. Ich hätte einen Politiker aus ihr machen müssen, und das hätte die Grenzen des Films gesprengt. So mußte ich mich darauf beschränken, ihre Abenteuer mit dem Tode zu verfolgen, die Mechanismen des Schicksals und des freien Willens zu zeigen.

Gewisse Leute haben die Ansicht geäußert, die vorletzte Szene (in dem Zimmer) sei eine jener Konzessionen wie in den unwirklichen Filmen, die auf Kosten des Traumes gehen. Diese Leute vergaßen, daß die Prinzessin, indem sie mit der Zeit nach ihrem Belieben verfährt, ihre Machtbefugnisse überschreitet, und daß sie aufgrund dieser Verletzung der Geheimnissphäre verurteilt wird, in einer Welt, die sich der menschlichen Vorstellung entzieht. Diese kurze Szene, in der die Zeit aufgehoben ist, in der Heurtebise diesem Phänomen beiwohnt und in seinen Tod zurückkehren muß, liefert den Schlüssel des ganzen Werkes. Es fragt sich sogar, ob der junge Cégeste, der in der anderen Welt verlassen bleibt, nicht der wahre Dichter ist, für den die Dinge nie ins reine kommen, in alle Ewigkeit nicht. Paul Eluard teilte mir diese Überlegungen mit, nachdem er den Film gesehen hatte. Als ob die heimlichen Mächte Orpheus seines Todes (seiner Muse) beraubten, unter dem Vorwand, ihm die Unsterblichkeit zu verleihen.

DIE FILME

Auch der Film ist eine Art Zeichenkunst. Mit seiner Hilfe gelingt es uns, in Bildern zu schreiben, eine uns eigentümliche Weltansicht als eine faktische Wirklichkeit hinzustellen. Wir zeigen, was andere erzählen. Im *Orphée* zum Beispiel erzähle ich nicht, daß man Spiegel durchschreitet, ich zeige es, und beweise es gewissermaßen. Welcher Mittel ich mich bediene, ist gleichgültig, wenn meine Personen nur in aller Öffentlichkeit das tun, was sie meinen Wünschen nach tun sollten. Die große Macht eines Films besteht darin, daß er unwiderlegbar wird, insoweit er Handlungen festhält, die sich vor unseren Augen abspielen.

Es ist die Regel, daß der Zeuge eines Vorfalls ihn zu seinen Zwecken entstellt und durcheinanderbringt, so daß sein Zeugnis ungenau ausfällt. Der Vorfall aber hat stattgefunden und wiederholt sich ebenso oft, wie die Apparatur ihn auf die Leinwand wirft. Er bekämpft die ungenauen Zeugenaussagen und die falschen Polizeiberichte.

Kurzum, es war die Möglichkeit, Gedachtes in bewegliche Gegenstände zu übersetzen, die mich veranlaßte, mich eines Vehikels zu bedienen, das seine Industrialisierung allzu oft auf den Fremdenverkehr oder auf die bloßen Transportmittel beschränkt.

Nach dem Wörterbuch von Larousse ist derjenige ein Amateur, der liebt, was er tut. In diesem Sinne sind wir alle Amateure, und ich mache den Amateuren, die auf diesen Titel Anspruch erheben, nur den einen Vorwurf, daß auch sie den Gewohnheiten erliegen, die die Professionells lähmen. Wie schön wäre es, wenn sie etwas mehr aus sich herausgingen und sich der Schmalfilmkamera bedienten, um uns mitzuteilen, was sie in ihrem Inneren bewegt und was sich sonst nur in ihren Träumen entfaltet.

Als ich ehemals meinen ersten Film *Das Blut eines Dichters* drehte, war mir das Filmhandwerk noch völlig unbekannt. Ich mußte mir eine Technik erfinden. Das Milieu der Filmleute fand mich lächerlich. Dennoch ist dieser Film der einzige, der immer noch fast auf der ganzen Welt gespielt wird und der seit 17 Jahren ununterbrochen in einem kleinen Kino von New York läuft.

Die Freiheit findet stets ihren Lohn. Das Verlangen hingegen, auf die Masse zu wirken, täuscht den Hersteller über die Vielzahl und Verschiedenartigkeit ihrer heimlichen Neugierden. Er unterschätzt diese Masse von Individualisten, die uns gleichen. Er wird es nicht weit bringen. Dessen Werk aber wird Bestand haben, der nicht darauf aus war, zu gefallen, und dem nur eines am Herzen lag: wahr zu sein, jenes Wahre zu verkörpern, das mir recht eigentlich die Definition des Schönen zu sein scheint.

HINWEISE ZU EINIGEN EIGENNAMEN

Alain-Fournier	eigentlich Henri-Alban Fournier (1886–1914), Autor des Romans *Le Grand Meaulnes* (1913). Franz de Galais ist eine der zentralen Gestalten dieses Romans.
Alexandra	(1844–1925), englische Königin.
Armenonville	luxuriöses Restaurant und Tanzlokal im Pariser Bois de Boulogne.
Barrès, Maurice	(1862–1923), Schriftsteller und Politiker mit mystisch-nationalistischer Tendenz.
Bérard, Christian	(1902–1949), Maler und Bühnenbildner. Er war mit Cocteau befreundet und arbeitete des öfteren mit ihm zusammen.
Bernhardt, Sarah	(1844–1932), berühmte französische Theaterschauspielerin.
Bernstein, Henri	(1876–1953), französischer Dramatiker; arbeitete vor allem für das Théâtre du Gymnase, das er eine Zeitlang leitete.
Blanche, Jacques-Emile	(1861–1942), Maler und Schriftsteller, insbesondere für seine Arbeit als Porträtist bekannt; er hat auch Jean Cocteau porträtiert.
Boisseau, Amy (Emile-André)	(1842–1923), Bildhauer; schuf 1874 für den Sitz der Zeitung *Le Figaro* die Bronzestatue *Figaro*.
Bonnefon, Jean de	(1866–1928), Journalist und Schriftsteller.
Brulé, André	(1879–1953), Theaterschauspieler; leitete später, zusammen mit seiner Frau, der Schauspielerin Madeleine Lely, das Théâtre de la Madeleine.

Cappiello, Leonetto	(1875–1942), französischer Karikaturist und Plakatzeichner italienischer Herkunft.
Carlier, Madeleine	eigentlich Adèle Martin (1882–1935), Theaterschauspielerin. Cocteau hatte sich mit sechzehn in sie verliebt; diese unglückliche Jugendliebe bildet den autobiographischen Hintergrund zu seinem Roman *Die große Kluft* von 1923.
Chardonne, Jacques	(1884–1968), Schriftsteller.
Charles, Pater	Priester; Cocteau hatte ihn 1924 durch die Vermittlung des katholischen Religionsphilosophen Jacques Maritain kennengelernt und war sehr von ihm beeindruckt. Er schildert diese Begegnung und ihre Bedeutung für ihn in seinem *Brief an Jacques Maritain* (s. den Band »Kritische Poesie I« dieser Ausgabe).
Colette, Sidonie-Gabrielle	(1873–1954), Schriftstellerin, berühmt für ihre zahlreichen Romane und deren Frauengestalten.
Crommelynck, Fernand	(1886–1970), belgischer Dramatiker, vor allem für sein Stück *Le Cocu magnifique* (1921) bekannt.
Daudet, Lucien	(1883–1946), Schriftsteller, Sohn des Schriftstellers Alphonse Daudet. Er schrieb u. a. ein Buch über die Kaiserin Eugénie.
Deslys, Gaby	eigentlich Gabrielle Caire (1881–1921), Pariser Music-Hall-Star der Jahre 1910–1920. Henry Pilcer war ihr Show-Partner.
Dorchain, Auguste	(1857–1930), Schriftsteller.
Emmerich, Anna Katharina	(1774–1824), deutsche Mystikerin, Nonne in einem Augustinerinnen-Kloster; auf ihrem Körper sollen die Wundmale Christi erschienen sein. Der romantische Schrift-

	steller Clemens Brentano hat ihre Visionen von Christi Leidensgeschichte literarisch verarbeitet.
Eugénie, Kaiserin	Eugenia Maria de Montijo de Guzmán (1826–1920), ehemalige Kaiserin von Frankreich; Tochter des spanischen Grafen von Montijo, heiratete 1855 den französischen Kaiser Napoleon III.
Fantômas	perfekte Verbrechergestalt einer Romanserie (erstmals 1911) von Marcel Allain und Pierre Souvestre. Inspektor Juve ist sein erbitterter Gegenspieler.
Fenouillard	*Madame Fenouillard bei den Sioux* ist der Titel eines Abenteuers aus der Serie *La Famille Fenouillard*. Diese von einem Text begleiteten Zeichengeschichten, Vorläufer der Comic Strips, stammen von Georges Colomb, der sie unter dem Pseudonym Christoph 1889–1893 veröffentlichte.
Fogg, Phileas	Hauptgestalt von Jules Vernes *Reise um die Welt in 80 Tagen*. Aufgrund einer Wette unternimmt er diese Reise. Passepartout ist sein Diener und Begleiter.
Fratellini, François	(1879–1951), bildete mit seinen Brüdern ein in ganz Europa berühmtes Clown-Trio.
Fuller, Loie (Marie-Louise)	(1862–1928), erfolgreiche amerikanische Tänzerin, die wehende Schleier und Gewänder und Lichteffekte beim Tanz einsetzte.
Gaveau-Gärten	benannt nach der berühmten, traditionsreichen Klavierbauer-Familie Gaveau.
Guanhumara	auch Ginover genannt, Gemahlin des sagenhaften Königs Artus.
Iribe, Paul	(1883–1935), Zeichner und Illustrator. Cocteau hat mit ihm 1914/1915 das künstlerische Luxusblatt *Le Mot* herausgegeben.

Jaurès, Jean	(1859–1914), Pazifist und führender sozialistischer Politiker; unmittelbar vor Beginn des Ersten Weltkriegs wurde er von einem nationalistischen Fanatiker ermordet.
La Jeunesse, Ernest	(1874–1917), französischer Schriftsteller.
Lalique, René	(1860–1945), kunsthandwerklicher Gestalter, berühmt vor allem für seinen Art-Nouveau-Schmuck und sein Glasdesign.
Lebaudy, Max	bekannter Lebemann der Pariser Gesellschaft; durch Geschäfte mit Zucker hatte er ein Vermögen erworben, daher sein Spitzname »Zuckerdöschen«.
Leblanc, Georgette	Schauspielerin; sie war eine Zeitlang mit dem belgischen Schriftsteller Maurice Maeterlinck verheiratet.
Lecomte, Louis Eugène	(1828–1906), Großvater mütterlicherseits von Jean Cocteau.
Lemaitre, Jules	(1853–1914), Schriftsteller.
Maeterlinck, Maurice	(1862–1949), belgischer symbolistischer Dichter und Dramatiker.
Mangin, Charles	(1866–1925), französischer General, besonders durch seine Kämpfe in den französischen Kolonien in Afrika und im Ersten Weltkrieg gegen Deutschland bekannt; er verfaßte auch mehrere Bücher.
Mauriac, François	(1885–1970), Schriftsteller; erhielt 1952 den Nobelpreis für Literatur.
Maurras, Charles	(1868–1952), französischer Schriftsteller, Monarchist; leitete mit Léon Daudet, dem Bruder Lucien Daudets, die rechtsradikale Zeitschrift »L'Action française«.
Max, Edouard	genannt de Max (1869–1924), berühmter Theaterschauspieler.

Mayol, Félix	(1872–1941), um die Jahrhundertwende populärer französischer Sänger, der im »Café-Concert«, auf Kabarett- und Varietébühnen, auftrat.
Mendès, Catulle	(1841–1909), Dichter, Dramatiker, Romancier und Kritiker; stand mit den Parnassiens, die sich einer eleganten, formbetonten »L'Art-pour-l'art«-Literatur verschrieben, in Verbindung.
Mendès, Jane	(1867–1955), zweite Frau von Catulle Mendès; hat mehrere poetische Werke verfaßt.
Mounet-Sully	eigentlich Jean Sully Mounet (1841–1916), berühmter Schauspieler.
Mugnier, Arthur	(1853–1944), Priester, verfügte in den literarischen und mondänen Salonkreisen über einigen Einfluß.
Noailles, Anna de	(1876–1933), französische Dichterin rumänischer Herkunft. Tochter des rumänischen Fürsten Gregory de Brancovan und der Griechin Ralouka Musurus; verheiratet mit dem Grafen de Noailles; lebte in Paris.
Otero, Caroline	(1868–1965), genannt »die Schöne Otero«; wie Cavalieri, Liane de Pougy und Liane de Lancy eine bekannte Schönheit, die in den luxuriösen, chicen Pariser Gesellschaftskreisen verkehrte.
Péguy, Charles	(1873–1914), zu Beginn dieses Jahrhunderts in Frankreich einflußreicher Schriftsteller.
Polaire	(1877–1930), französischer Music-Hall-Star der Jahrhundertwende.
Rée, Paul	(1849–1901), deutscher Philosoph, der zeitweise mit Nietzsche befreundet war.
Rocher, René	Schulfreund Cocteaus.

Rossini, Gioacchino	(1792–1868), italienischer Komponist, schrieb hauptsächlich Opern. Er lebte 1823–1836 und ab 1853 bis zu seinem Tod in Paris.
Rostand, Maurice	(1891–1968), Schriftsteller, Sohn des Schriftstellers Edmond Rostand.
Sainte-Unefois, Grâce de	Name der weiblichen Hauptfigur des 1934 erschienenen Romans *Sainte-Unefois* von Louise de Vilmorin (1902–1967), mit der Cocteau befreundet war. Wie Kihm, Sprigge und Béhar in ihrer Cocteau-Biographie (Paris, 1968) erläutern, hat ein Freund von Louise de Vilmorin Cocteau im Mai 1935 an der Côte d'Azur ein Boot geliehen, das dieser als »le bateau de Grâce de Sainte-Unefois« bezeichnete.
Sarasate y Navascues, Pablo	(1844–1908), international berühmter spanischer Geigenvirtuose.
Sem	eigentlich Georges Goursat (1863–1934), Karikaturist, der seine Modelle vor allem im Theater- und Literaten-Milieu sowie in den mondänen Gesellschaftskreisen suchte.
Simone, Madame	eigentlich Pauline Benda (geb. 1877), französische Theaterschauspielerin, später auch Schriftstellerin. Sie war in zweiter Ehe mit Claude Casimir-Perier verheiratet.
Sivori, Camillo	(1815–1894), international berühmter italienischer Geigenvirtuose.
Tailhade, Laurent	(1854–1919), Schriftsteller meist satirischer Inspiration und anarchistischer Haltung.
Tartarin	Romangestalt von Alphonse Daudet, die den Typus des aufschneiderischen, wackeren Südfranzosen verkörpern soll.

Thais	ägyptische christliche Heilige aus dem 4. Jahrhundert.
Tribschen	Landsitz bei Luzern in der Schweiz; der Komponist Richard Wagner lebte dort zeitweise.
Wagner, Cosima	(1837–1930), Tochter Franz Liszts, Frau von Richard Wagner (1813–1883).
Willy	Künstlername von Henri Gauthier-Villars (1859–1931), Schriftsteller; Colettes erster Ehemann.
Winterhalter, Franz Xaver	(1805–1873), deutscher Maler; lebte lange Zeit in Paris. Er war als Porträtmaler sehr geschätzt und malte auch ein Bild *Die Kaiserin Eugénie, umgeben von ihren Hofdamen.*

NACHWORT

Jean Cocteau hat nie seine Memoiren geschrieben. Er fand es wohl auch überflüssig, da häufig genug seine Arbeiten von seiner Person und seiner Vergangenheit sprechen. In besonderem Maße gilt dies für die beiden Texte des vorliegenden Bandes, die fast zwanzig Jahre voneinander trennen. Von sehr unterschiedlichen Blickwinkeln aus beleuchten sie sein Leben und sein Werk.

Die Farben der Erinnerung (Portraits-Souvenir) wollen ausdrücklich ein subjektives Bild der Vergangenheit entwerfen. Nicht der genaue Hergang der Ereignisse oder eine Würdigung ihrer Bedeutung interessiert Cocteau, sondern die Färbung, die sie in der Erinnerung angenommen haben.

Gegenstand seiner Skizzen ist das künstlerische Leben zu Beginn dieses Jahrhunderts, in den Jahren vor dem Ersten Weltkrieg. Gleichzeitig ruft er die Erlebniswelt der Kindheit herauf und die Zeit seiner Jugend. So erhält man auch einen Eindruck von dem wohlbehüteten, großbürgerlichen Milieu, in dem Cocteau aufgewachsen ist und seine künstlerische Laufbahn begonnen hat. Die Schilderungen des Eispalasts und des Schülers Dargelos etwa hellen zudem autobiographische Hintergründe der Romane *Die große Kluft* und *Kinder der Nacht* auf. Stets jedoch leitet den Blick zurück die Faszination der Kunst, sei es in der Erinnerung an die Zirkusarena, an das Theater oder an die Person eines Künstlers. Für Cocteau ist die Kunst das Reich, das etwas vom Zauber der Kindheit aufbewahrt. Wie das Kind sich in seine Träume einspinnt, versucht sie mit ihrem Schauspiel das Leben zu überlagern. In den Künstlerporträts dieses Textes zeichnet er Menschen, in deren Gebaren sie ihre Spuren hinterlassen hat.

Mir schien es sinnvoll, *Portraits-Souvenir* nur in Auszügen in diese Ausgabe aufzunehmen; denn sie enthalten eine Fülle von

Details, eine Unzahl von Namen, die dem heutigen – und um so mehr dem deutschen – Leser kaum vertraut sein werden und der Erklärung bedürften. Die vorliegende Auswahl umfaßt gut die Hälfte des Originaltextes; Auslassungen innerhalb eines Kapitels sind durch eine Leerzeile mit Punkten gekennzeichnet. Zu verschiedenen im Text erwähnten Namen, die dem Leser unbekannt sein könnten, findet sich in den »Hinweisen zu einigen Eigennamen« eine knappe Auskunft.

Cocteau schreibt hier in konzentriertem, aber leicht dahinfließendem, lockerem Stil, springt rasch von einem Gegenstand zum anderen. Er pflegt mit Absicht diesen Ton, weil er ihn dem journalistischen Charakter dieser Skizzen für angemessen hält: Die *Portraits-Souvenir* sind in 16 Artikeln vom 19. Januar bis zum 11. Mai 1935 in der Samstagsausgabe der Zeitung *Le Figaro* erschienen; Zeichnungen des Autors begleiteten sie. Im selben Jahr noch wurde der reich illustrierte Text als Buch veröffentlicht.

Diese Erinnerungen leiten eine längere Phase journalistischer Arbeit ein. Im Sommer 1935 verfaßt Cocteau für die Zeitung *Paris-Soir* unter dem Titel *Retrouvons notre enfance* (Finden wir unsere Kindheit wieder!) eine Reportage über eine Bootsfahrt die Mittelmeerküste entlang. Das Jahr darauf schlägt er derselben Zeitung vor, anläßlich des 100. Geburtstags von Jules Verne die Fiktion einer *Reise um die Welt in 80 Tagen* zu verwirklichen. Mit seinem Freund Marcel Khill, dem die *Portraits-Souvenir* gewidmet sind, schifft er sich ein und eilt um die Welt – *Paris-Soir* veröffentlicht seine Reiseberichte, die er dann in dem Buch *Mon premier voyage* sammelt. Unterwegs lernt er übrigens Charlie Chaplin kennen und schließt mit ihm Freundschaft. 1937 und 1938 schreibt er für die kommunistische Zeitung *Ce Soir*, die Louis Aragon leitet, eine Reihe von *Articles de Paris*. Aragon war in den zwanziger Jahren, als er noch zu den Surrealisten zählte, mit Cocteau verfeindet; nun ist ihre Versöhnung besiegelt. Das heißt allerdings nicht, daß Cocteau Aragons politische Überzeugungen teilte. Von Politik ist in seinen *Articles* nie die Rede; sein Interesse beschränkt sich auf das kulturelle Leben.

Der Lebensweg eines Dichters (Démarche d'un poète) umreißt – der Titel kündigt es bereits an – die wichtigsten Stationen seiner künstlerischen Laufbahn und resümiert seine Kunstauffassung. So kommt Cocteau etwa auf die sexuellen Antriebe zu sprechen, denen seines Erachtens die Kunstwerke ihre Wirkung verdanken; sein *Discours d'Oxford* von 1956 wird die Ausführungen hierzu, sowie manch andere Passagen, fast wörtlich wieder aufgreifen. Vor allem aber ist ihm daran gelegen, seine entschieden individualistische Haltung zu betonen.

In den Passagen über Picasso ergeben sich einige Überschneidungen mit der zur selben Zeit entstandenen *Römischen Improvisation*, die in dem Band »Kritische Poesie I« dieser Ausgabe abgedruckt ist. Es schien mir daher angebracht, zwei – nach Picassos Fresko – »Krieg und Frieden« überschriebene Seiten, die im Original dem Kapitel »Der Fluß des Vergessens« folgen, hier auszulassen, da ihr Inhalt bis auf einen überleitenden Abschnitt praktisch vollständig auch in die *Römische Improvisation* Eingang gefunden hat; dieser Abschnitt wurde hier – durch eine Illustration vom vorangehenden Text getrennt – an das Ende des Kapitels »Der Fluß des Vergessens« gestellt.

Ausgiebig kommentiert Cocteau eine Seite seiner künstlerischen Tätigkeit, die in den fünfziger Jahren mehr und mehr für ihn an Bedeutung gewinnt: seine Malerei und seine kunsthandwerklichen Arbeiten. 1952 war in München eine umfassende Ausstellung seines graphischen und malerischen Werks zu sehen; Cocteau nahm dies zum Anlaß, verschiedene Städte der Bundesrepublik zu besuchen, wo ihm ein enthusiastischer Empfang bereitet wurde. Im Jahr darauf veröffentlicht er diesen Text, mit Zeichnungen und Reproduktionen seiner Gemälde illustriert, in einem Münchner Verlag.* Cocteau richtet sich also ausdrücklich an ein deutsches Publikum, wenn er mit dem *Lebensweg eines Dichters* eine Summe seines Lebens zieht.

Reinhard Schmidt

* Die – zweisprachige – Originalausgabe enthielt 17 in den Text eingestreute Zeichnungen – von ihnen gibt der vorliegende Band 4 Beispiele – und 20 ganzseitige Abbildungen.

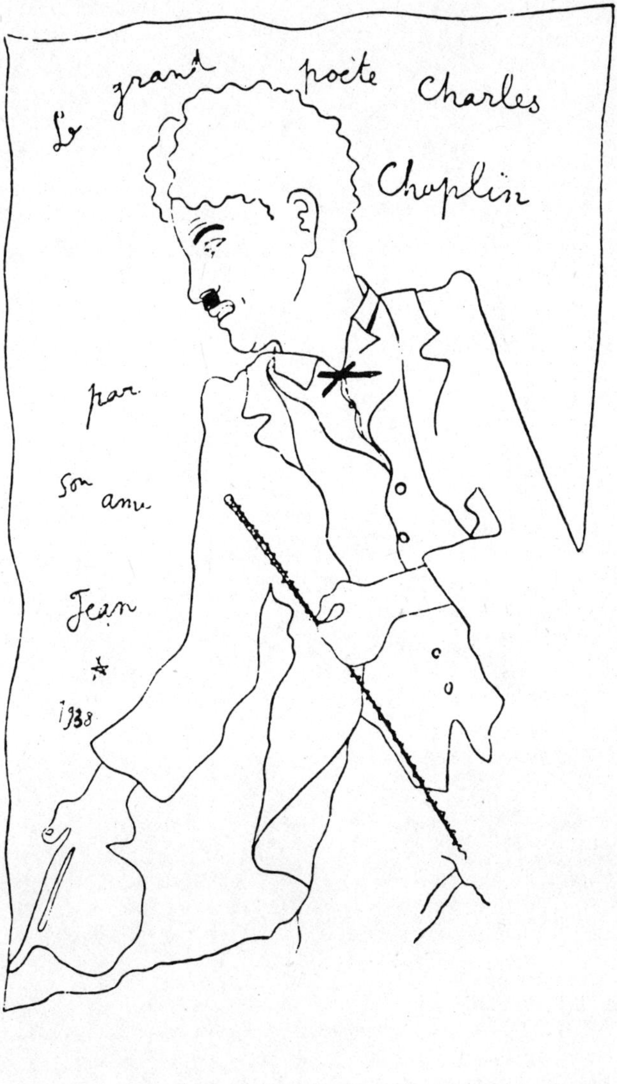
Le grand poète Charles
Chaplin
par
son ami
Jean
1938

BIBLIOGRAPHISCHE HINWEISE

Erstausgaben der Werke dieses Bandes:

— *Portraits-Souvenir,* Paris: Grasset, 1935.
— *Démarche d'un poète/Der Lebensweg eines Dichters,* zweisprachige Ausgabe, aus dem Französischen von Friedhelm Kemp; München: Bruckmann, 1953.

Ausgewählte Literatur:

Zur Biographie:

— Frederick Brown: *An Impersonation of Angels,* New York, 1968. Deutsche Übersetzung: *Ein Skandal fürs Leben,* Bern/München, 1980.
— Jean-Jacques Kihm/Elizabeth Sprigge/Henri C. Béhar: *Jean Cocteau. L'homme et les miroirs,* Paris, 1968. Deutsche Übersetzung: *Jean Cocteau. Sein Leben – ein Meisterwerk,* bearbeitet von Friedrich Hagen, München/Wien/Basel, 1970.
— Francis Steegmuller: *Cocteau. A Biography,* Boston/Toronto, 1970. Französische Übersetzung: *Cocteau,* Paris, 1973.

Zum Werk:

— Jacques Brosse: *Cocteau,* Paris, 1970.
— Pierre Chanel: *Jean Cocteau, poète graphique,* Paris, 1975.
— Claude Michel Cluny: *Poésie de mémoire.* In: Cahiers Jean Cocteau, n° 6, Paris, 1977; S. 69–76.
— Jean Cocteau: *Entretiens avec André Fraigneau,* Paris, 1965.
— Lydia Crowson: *The Esthetic of Jean Cocteau,* New Hampshire, 1978.

VERZEICHNIS DER ABBILDUNGEN

Alle Zeichnungen von Jean Cocteau.

BIBLIOGRAPHIE DER WERKE JEAN COCTEAUS

WERKSAMMLUNGEN

Zwischen 1946 und 1951 sind bei dem Verlag Marguerat in Lausanne die elf Bände der (unvollständigen) *Œuvres complètes* erschienen:

— Band 1: *Le Grand Ecart; Thomas l'imposteur; Les Enfants terribles; Le Fantôme de Marseille* (Erzählende Prosa)
— Band 2: *Le Potomak; La Fin du Potomak* (Erzählende Prosa)
— Band 3: *Le Cap de Bonne Espérance; Poésies; Vocabulaire; Plain-Chant; Cri écrit; Neiges* (Lyrik)
— Band 4: *Discours du grand sommeil; Opéra; Enigme; Allégories; Le Fils de l'air; Léone; La Crucifixion* (Lyrik)
— Band 5: *Orphée; Oedipe-Roi; Antigone; La Machine infernale* (Theater)
— Band 6: *Roméo et Juliette; Les Chevaliers de la Table Ronde; Renaud et Armide* (Theater)
— Band 7: *Les Mariés de la tour Eiffel; La Voix humaine; Les Parents terribles; Parade; Le Bœuf sur le toit* (Theater)
— Band 8: *La Machine à écrire; Les Monstres sacrés; L'Ecole des veuves; Le Bel Indifférent; Anna la bonne; La Dame de Monte-Carlo; Le Fantôme de Marseille* (Theater)
— Band 9: *Le Rappel à l'ordre; Le Numéro Barbette; Lettre à Jacques Maritain; La Jeunesse et le scandale; Une entrevue sur la critique avec Maurice Rouzaud; Rousseau* (Kritische Schriften)
— Band 10: *Le Mystère laïc; Opium; Des Beaux-Arts considérés comme un assassinat; Quelques articles; Préfaces; Le Mythe du Gréco; Coupures de presse* (Kritische Schriften)
— Band 11: *Portraits-Souvenir; Mon premier voyage; Le Foyer des artistes; Hommages* (Kritische Schriften)

In deutscher Sprache:

— Auszüge aus dem gesamten Werk stellt die Anthologie von Friedrich Hagen: *Leben und Werk des Jean Cocteau*, 2 Bde., München/Wien/Basel: Desch, 1961
vor.

— Klaus Möckel hat 1971 in dem Berliner Verlag Volk und Welt eine zweibändige Werkauswahl herausgegeben:
Band 1: *Gedichte/Stücke* (enthält die Stücke *Orpheus; Die Höllenmaschine; Die geliebte Stimme; Bacchus*)
Band 2: *Prosa* (enthält den Roman *Thomas der Schwindler* sowie Auszüge aus den kritischen Schriften).

ORIGINALAUSGABEN UND ÜBERSETZUNGEN

I. ERZÄHLENDE PROSA (POESIE DE ROMAN):

Le Potomak, Paris: Société littéraire de France, 1919; édition définitive: Paris; Stock, 1924.

Le Grand Ecart; Paris: Stock, 1923.
deutsche Übersetzungen:
Die große Kluft, aus dem Französischen von Niko Karaponsa; Wien: Stein, 1924.
Herz unmodern, aus dem Französischen von Friedrich Hagen; erstmals Braunschweig: Kleine, 1951 (diese Übersetzung wurde 1956 unter dem Titel *Der große Sprung* erneut veröffentlicht; in der vorliegenden Ausgabe trägt sie den Titel *Die große Kluft*).

Thomas l'imposteur, Paris: Gallimard, 1923.
deutsche Übersetzung: *Thomas der Schwindler*, aus dem Französischen von Friedhelm Kemp; erstmals München/Wien/Basel: Desch, 1954.

Le Livre blanc, Paris: Editions des Quatre Chemins, 1928 (erweitert um 18 Zeichnungen: Paris: Editions du Signe, 1930).
deutsche Übersetzung: *Das Weißbuch,* aus dem Französischen von Karsten Witte; erstmals Berlin: Albino, 1982.

Les Enfants terribles, Paris: Grasset, 1929.
deutsche Übersetzungen:
Enfants terribles, aus dem Französischen von Heinz Kauders und Efraim Frisch; Berlin: Kiepenheuer, 1930.
Kinder der Nacht, aus dem Französischen von Friedhelm Kemp; erstmals München/Wien/Basel: Desch, 1953.

Le Fantôme de Marseille, in: La Nouvelle Revue Française. November 1933, Paris.
deutsche Übersetzung: *Das Phantom von Marseille,* aus dem Französischen von Reinhard Schmidt; erstmals in dem Band »Erzählende Prosa II« dieser Ausgabe.

La Fin du Potomak, Paris: Gallimard, 1939.

Deux Travestis, Paris: Fournier, 1947 (enthält die Erzählung *Le Fantôme de Marseille* und den Essay *Le Numéro Barbette*).

II. THEATER (POESIE DE THEATRE):

Le Bœuf sur le toit ou The Nothing Doing Bar. Farce, Paris: Editions de la Sirène musicale, 1920 (auch in: *Théâtre de poche,* 1949).

Les Mariés de la tour Eiffel, Paris: Gallimard, 1923.
deutsche Übersetzung: *Die Hochzeit auf dem Eiffelturm,* aus dem Französischen von Reinhard Schmidt; erstmals in dem Band »Theater I« dieser Ausgabe.

Roméo et Juliette. Prétexte à mise en scène d'après le drame de W. Shakespeare, Paris: Sans Pareil, 1926.

Orphée, Paris: Stock, 1927.
deutsche Übersetzung: *Orpheus,* aus dem Französischen von Ferdinand Hardekopf; erstmals in: Jean Cocteau, *Dramen,* München, 1959.

Oedipe-Roi (zusammen mit *Roméo et Juliette*), Paris: Plon, 1928.
deutsche Übersetzung: *König Oedipus*. Oper in 2 Akten von Igor Strawinsky und Jean Cocteau, London/New York/Bonn/Paris/Sydney/Cape Town/Toronto: Boosey & Hawkes (um 1956) (enthält die Übertragung ins Lateinische von J. Danielou und deren Übersetzung ins Deutsche von L. Thurneiser).

Antigone (zusammen mit *Les Mariés de la tour Eiffel* und *Le Numéro Barbette*), Paris: Gallimard, 1928.
deutsche Übersetzung: *Antigone,* aus dem Französischen von Erich Ploog. In: *Theater der Jahrhunderte: Antigone,* München/Wien: Langen-Müller, 1966.

La Voix humaine, Paris: Stock, 1930.
deutsche Übersetzungen:
Die menschliche Stimme, aus dem Französischen von Ferdinand Hardekopf. In: Neue Schweizer Rundschau, Heft 24, 1931, Zürich.
Einseitiges Zwiegespräch, aus dem Französischen von Hans B. Wagenseil. In: Karussell, 2. Jahrgang, Januar 1947, Folge 7.
Die geliebte Stimme, aus dem Französischen von Hans Feist; erstmals Berlin: Felix Bloch Erben, 1952 (Bühnenmanuskript).

La Machine infernale, Paris: Grasset, 1934.
deutsche Übersetzung: *Die Höllenmaschine,* aus dem Französischen von Herbert Mühlbauer; erstmals Basel: Bühnenvertrieb Reiss, 1952 (Bühnenmanuskript).

Les Chevaliers de la Table Ronde, Paris: Gallimard, 1937.
deutsche Übersetzung: *Die Ritter von der Tafelrunde,* aus dem Französischen von Charles Regnier; erstmals München/Wien/Basel: Desch, 1962.

Les Parents terribles, Paris: Gallimard, 1938.
deutsche Übersetzung: *Nein, diese Eltern!* aus dem Französischen von P. Mochmann und Fr. Treuberg; Berlin: Henschel, 1946 (Bühnenmanuskript).

Les Monstres sacrés, Paris: Gallimard, 1940.

La Machine à écrire, Paris: Gallimard: 1941.
deutsche Übersetzung: *Die Schreibmaschine,* aus dem Französischen von Boris v. Borresholm; Berlin: Henschel, 1947 (Bühnenmanuskript).

Renaud et Armide, Paris: Gallimard, 1943.

L'Aigle à deux têtes, Paris: Gallimard, 1946.
deutsche Übersetzung: *Der Doppeladler,* aus dem Französischen von Fritz Habeck, erstmals Bad Reichenhall: Strasseg-Verlag, 1947 (Bühnenmanuskript).

Théâtre de poche, Paris: Morihien, 1949 (enthält *Parade; Le Bœuf sur le toit; Le Pauvre Matelot; L'Ecole des veuves; Le Bel Indifférent; Le Fantôme de Marseille* [zu einem Theatermonolog umgearbeitet]; *Anna la bonne; La Dame de Monte-Carlo; Le Fils de l'air; Le Menteur; Par la fenêtre; Je l'ai perdue; Lis ton journal; La Farce du château*).
deutsche Übersetzung: *Taschentheater,* aus dem Französischen von Werner Riemerschmied; erstmals Wien: Donau-Verlag, 1952.

Bacchus, Paris: Gallimard, 1953.
deutsche Übersetzung: *Bacchus,* aus dem Französischen von Charles Regnier und Gerd v. Rhein; erstmals München/Wien/Basel: Desch, 1954.

Le Jeune Homme et la Mort. Mimodram. In: Paris-Théâtre, n° 89, Oktober 1954.

L'Impromptu du Palais-Royal, Paris: Gallimard, 1962.

Le Gendarme incompris, von Jean Cocteau und Raymond Radiguet. In: Cahiers Jean Cocteau, n° 2, Paris: Gallimard, 1971.

Paul et Virginie. Komische Oper in 3 Akten von Jean Cocteau und Raymond Radiguet (aus dem Jahr 1920), Paris: Lattès, 1973.

Le Portrait surnaturel de Dorian Gray. Ein phantastisches Stück in vier Akten und fünf Bildern (nach dem Roman von Oscar Wilde) von Jean Cocteau und Jacques Renaud, Paris: Olivier Orban, 1978.

Théâtre I et II, Paris: Gallimard, 1948 (enthält *Antigone; Les Mariés de la tour Eiffel; Les Chevaliers de la Table Ronde; Les Parents terribles; Les Monstres sacrés; La Machine à écrire; Renaud et Armide; L'Aigle à deux têtes*).

Théâtre I et II, Paris: Grasset, 1957 (enthält zusätzlich *Théâtre de poche; L'Epouse injustement soupçonnée; Oedipus Rex; Le Jeune Homme et la Mort; La Dame à la licorne*).

Dramen. Hrsg. von K.H. Ruppel, München: Langen-Müller, 1959 (enthält *Der Doppeladler; Die Höllenmaschine; Die geliebte Stimme; Orpheus; Bacchus*).

Gedichte/Stücke. Hrsg. von Klaus Möckel, Berlin: Volk und Welt, 1971.

III. LYRIK:

(Seine ersten drei Gedichtbände hat Cocteau später aus der Liste seiner Werke gestrichen:
La Lampe d'Aladin, Paris: Société d'éditions, 1909.
Le Prince frivole, Paris: Mercure de France, 1910.
La Danse de Sophocle, Paris: Mercure de France, 1912.)

Le Cap de Bonne Espérance, Paris: Editions de la Sirène, 1919.

L'Ode à Picasso, Paris: A la Belle Edition, 1919.

Poésies (1917–1920), Paris: Editions de la Sirène, 1920.

Escales, Paris: Editions de la Sirène, 1920.

Vocabulaire, Paris: Editions de la Sirène, 1922.

Plain-Chant, Paris: Stock, 1923.

deutsche Übersetzung: *Choral,* aus dem Französischen von Andrej Jendrusch; erstmals in dem Band »Gedichte I« dieser Ausgabe.

La Rose de François, Paris: François Bernouard, 1923.

La Mort de G. Apollinaire. In der Zeitschrift: Vient de paraître, Paris, 1923.

Poésie 1916–1923, Paris: Gallimard, 1924 (enthält *Le Cap de Bonne Espérance; Discours du grand sommeil; Ode à Picasso; Poésies; Vocabulaire; Plain-Chant*).

Cri écrit, Montpellier: Montane, 1925.

Prière mutilée, Paris: Editions des Cahiers libres, 1925 (dann auch in: *Opéra,* Paris, 1927).

L'Ange Heurtebise, Paris: Stock, 1925 (dann auch in: *Opéra*, Paris, 1927).

Poèmes. In: Chroniques, Roseau d'or n° 5, Paris: Plon-Nourrit, 1925.

Opéra. Œuvres poétiques 1925–1927, Paris: Stock, 1927.

deutsche Übersetzung: *Opéra*, aus dem Französischen von Andrej Jendrusch; erstmals in dem Band »Gedichte I« dieser Ausgabe.

Morceaux choisis, Paris: Gallimard, 1932 (Gedichtauswahl).

Mythologie. Mit 10 Lithographien von Giorgio de Chirico, Paris: Editions des Quatre Chemins, 1934.

Enigme, Paris: Editions des Réverbères, 1939.

Allégories, Paris: Gallimard, 1941.

Poèmes écrits en allemand, Den Haag: Krimpeer, 1944.

Léone, Paris: Gallimard, 1945.

La Crucifixion, Paris: Morihien, 1946.

Poésies 1946–1947 (Neiges; Deux poésies; Un ami dort), Paris: J.J. Pauvert, 1947.

Poèmes, Paris: Gallimard, 1948 (enthält *Léone; Allégories; La Crucifixion; Neiges; Un ami dort*).

Anthologie poétique, Paris: Club français du livre, 1951 (darin erstmals *Le Rythme grec* und *Atalante court à sa perte*).

La Nappe du Catalan (zusammen mit Georges Hugnet), Paris: Fequet et Baudier, 1952.

Le Chiffre sept, Paris: Seghers, 1952.

Appogiatures, Monaco: Editions du Rocher, 1953.

Dentelle d'éternité, poème-objet, Paris: Seghers, 1953.

Clair-obscur, Monaco: Editions du Rocher, 1954.

Poèmes 1916–1955, Paris: Gallimard, 1956 (Gedichtauswahl).

L'Autre Monde, Loriani-San Lorenzo: Vincensini, 1958.

Paraprosodies, Monaco: Editions du Rocher, 1958.

Gondole des morts, Mailand: Vanni Scheiwiller, 1959.

Cérémonial espagnol du phénix, suivi de La Partie d'échecs, Paris: Gallimard, 1961.

Le Requiem, Paris: Gallimard, 1962.

Pégase, Paris: Nouveau cercle parisien du livre, 1965.

Faire-part, poèmes inédits 1920–1962. Hrsg. von Pierre Chanel, Paris: Guy Chambelland/Librairie Saint-Germain-des-Prés, 1968.

117 poèmes inédits à Jean Marais. In: Jean Marais, *Histoires de ma vie*, Paris: Albin Michel, 1975.

deutsche Übersetzung in: Jean Marais, *Spiegel meiner Erinnerung*, aus dem Französischen von Gerhard Vorkamp; München: Kindler, 1975.

Embarcadères (unveröffentlichte Gedichte), hrsg. von Pierre Caizergues, Paris: Fata Morgana, 1986.

Gedichtauswahl in deutscher Übersetzung:

— *Ausgewählte Gedichte,* aus dem Französischen von Georg Schneider; Wiesbaden: Limes, 1959.

— *Gedichte/Stücke,* hrsg. von Klaus Möckel, Berlin: Volk und Welt, 1971 (Gedichtübertragungen von Friedrich Hagen, Klaus Möckel, Jürgen Rennert und Georg Schneider).

— *Spiegelschriften.* »Gedichte II« der vorliegenden Ausgabe; aus dem Französischen von Andrej Jendrusch, mit zwei Übertragungen von Jürgen Rennert.

IV. KRITISCHE SCHRIFTEN (POESIE CRITIQUE):

Le Coq et l'Arlequin. Notes autour de la musique, Paris: Editions de la Sirène, 1918.

deutsche Übersetzung: *Hahn und Harlekin,* aus dem Französischen von Johannes Piron; München: Langen-Müller, 1958.

Dans le ciel de la patrie (Texte zu Illustrationen von Benito), Paris: Société Spad, 1918.

Carte Blanche, Paris: Editions de la Sirène, 1920.

La Noce massacrée (Visites à Maurice Barrès), Paris: Editions de la Sirène, 1921.

Le Secret professionnel, Paris: Stock, 1922.

deutsche Übersetzung: *Das Berufsgeheimnis,* aus dem Französischen von Ingrid Axmann; erstmals in dem Band »Kritische Poesie I« dieser Ausgabe.

Picasso, Paris: Stock, 1923.

Autour de Thomas l'imposteur. In: Les Nouvelles littéraires, 27. Oktober 1923.

deutsche Übersetzung: *Zu Thomas dem Schwindler,* aus dem Französischen von Reinhard Schmidt; erstmals in dem Band »Kritische Poesie I« dieser Ausgabe.

»Le Diable au corps« par Raymond Radiguet. In: La Nouvelle Revue Française, 1923.

Les Biches. Anmerkungen zu dem Ballett von Francis Poulenc, Paris: Editions des Quatre Chemins, 1924 (dann auch in: *Le Rappel à l'ordre,* Paris, 1926, als Anhang zu *Le Coq et l'Arlequin).*

Les Fâcheux. Anmerkungen zu dem Ballett von Georges Auric, Paris: Editions des Quatre Chemins, 1924 (dann auch in: *Le Rappel à l'ordre,* Paris, 1926, als Anhang zu *Le Coq et l'Arlequin).*

Férat, Rom: Valori Plastici, 1924 (wiederabgedruckt in: Cahiers Jean Cocteau, n° 10).

Le Rappel à l'ordre, Paris: Stock, 1926 (enthält *Le Coq et l'Arlequin; Carte Blanche; Visites à Barrès; Le Secret professionnel; D'un ordre considéré comme une anarchie; Autour de Thomas l'imposteur; Picasso*).

Lettre à Jacques Maritain, Paris: Stock, 1926.

deutsche Übersetzungen:

Der Künstler und der Weise, Cocteau, Brief an J. Maritain. Maritain, Antwort an Jean Cocteau, hrsg. von Karl Eschweiler, aus dem Französischen von Maria Sibylla Dahmen; Augsburg: Dr. Benno Filser Verlag, 1927.

Brief an Jacques Maritain, aus dem Französischen von Ingrid Axmann; erstmals in dem Band »Kritische Poesie I« dieser Ausgabe.

Lettre Plainte, Paris: R. Saucier, 1926.

Le Numéro Barbette. In: La Nouvelle Revue Française, n° 154, Juli 1926.

deutsche Übersetzungen:

Barbette, aus dem Französischen von Maria Großmann.

In: Der Querschnitt, H. 12, 1926.
Barbette, aus dem Französischen von Reinhard Schmidt; erstmals in dem Band »Kritische Poesie I« dieser Ausgabe.

La Voix de Marcel Proust. In: *Hommage à Marcel Proust,* Paris: Gallimard, 1927.

Le Mystère laïc, Paris: Editions des Quatre Chemins, 1928.
deutsche Übersetzung: *Das weltliche Geheimnis,* aus dem Französischen von Friedhelm Kemp (siehe *Essai de critique indirecte*; auch in dem Band »Kritische Poesie I« dieser Ausgabe).

Une entrevue sur la critique avec Maurice Rouzaud, Abbeville: Imprimerie F. Paillart, 1929.

Maria Lani (Beiträge verschiedener Künstler, darunter Cocteau), Paris: Editions des Quatre Chemins, 1929 (wiederabgedruckt in: Cahiers Jean Cocteau, n° 10).

Soignez la gloire de votre firme ... (Texte zu Illustrationen von Charles Martin), Paris: Draeger, 1929.

»Les Tragédiens« par Jean Desbordes. In: La Nouvelle Revue Française, n° 212, Mai 1931.

Opium. Journal d'une désintoxication, Paris: Stock, 1930.
deutsche Übersetzung: *Opium,* aus dem Französischen von Friedrich Hagen; erstmals München/Wien/Basel: Desch, 1966.

Pour ou contre André Derain (Antworten verschiedener Künstler, darunter Cocteau), Paris: Editions des Chroniques du Jour, 1931.

Essai de critique indirecte, Paris: Grasset, 1932 (enthält *Le Mystère laïc* und *Des Beaux-Arts considérés comme un assassinat*).
deutsche Übersetzung: *Versuche,* aus dem Französischen von Friedhelm Kemp; erstmals München/Wien/Basel: Desch, 1956.

En toute hâte (Artikel über Raymond Roussel). In: La Nouvelle Revue Française, n° 240, September 1933.

Portraits-Souvenir, Paris: Grasset, 1935.
deutsche Übersetzung: *Die Farben der Erinnerung* (Auszüge), aus dem Französischen von Reinhard Schmidt; erstmals in dem Band »Kritische Poesie IV« dieser Ausgabe.

Retrouvons notre enfance (Artikelfolge). In: Paris-Soir, 1. August bis 3. September 1935 (auch in: *Poésie de journalisme,* Paris, 1973).

Mon premier voyage (Tour du monde en 80 jours), Paris: Gallimard, 1937.

deutsche Übersetzung: *Meine Reise um die Welt in 80 Tagen,* aus dem Französischen von Friedrich Hagen; München/Wien/Basel: Desch, 1967.

Une interview sur la poésie. In: Conferencia, n° XXII, 1. November 1938.

Jean-Jacques Rousseau. In: *Tableau de la littérature française, XVIIe et XVIIIe siècles,* Paris: Gallimard, 1939.

La poésie est-elle un mensonge? (Antworten verschiedener Schriftsteller, darunter Cocteau), Brüssel: Cahiers du Journal des Poètes, 1939.

25e anniversaire de la mort d'un poète. Guillaume Apollinaire. In: Comoedia, n° 123, 6. November 1943.

Le Greco, Paris: Au Divan, 1943.

Serge Lifar à l'Opéra (Texte zu Illustrationen von Lucienne Pageot-Rousseaux), Paris: Thibault de Champrosay, 1943.

Portrait de Mounet-Sully, Paris: Bernouard, 1945.

Poésie critique, ausgewählt von Henri Parisot, Paris: Editions des Quatre-Vents, 1945.

Souvenir de Jean Giraudoux, Paris: Jacques Haumont, 1946.

La Belle et la Bête. Journal d'un film, Paris: J.-B. Janin, 1946.

La Mort et les statues (Texte zu Photographien von Pierre Jahan), Paris: René Zuber, 1946.

Conceptions (mit einem Beitrag von Cocteau), Paris: Les Quatre-Saisons, 1946.

De la musique encore et toujours (darin ein Beitrag von Cocteau über Maurice Ravel), Paris: Editions du Tambourinaire, 1946.

Le Foyer des Artistes, Paris: Plon, 1947.

La Difficulté d'être, Paris: Morihien, 1947.

deutsche Übersetzung: *Die Schwierigkeit, zu sein,* aus dem Französischen von Friedrich Hagen; erstmals München/Wien/Basel: Desch, 1958.

Notes sur »Le Diable au corps«. In: La Revue du Cinéma, n° 7, 1947.

Maurice Barrès. In: La Table Ronde, n° 11, November 1948.

Reines de la France, Paris: Darantière, 1949.
Dufy, Paris: Flammarion, 1949.
Lettre aux Américains, Paris: Grasset, 1949.
deutsche Übersetzung: *Der goldene Vorhang. Brief an die Amerikaner,* aus dem Französischen von Paul Celan; erstmals Düsseldorf: Rauch, 1949.
Maalesh. Journal d'une tournée de théâtre, Paris: Gallimard, 1949.
Orson Welles (zusammen mit André Bazin), Paris: Chavanne, 1950.
Modigliani, Paris: Hazan, 1950.
deutsche Übersetzung: *Modigliani,* aus dem Französischen von Godo Remszhardt; Feldafing/Obb.: Buchheim, 1952.
Portraits de Famille (darunter ein Beitrag von Cocteau), Paris: Fini, 1950.
Jean Marais, Paris: Calmann-Lévy, 1951.
Entretiens autour du cinématographe, recueillis par André Fraigneau, Paris: A. Bonne, 1951.
deutsche Übersetzung: *Gespräche über den Film,* aus dem Französischen von Kurt Leonhard; Esslingen: Bechtle, 1954.
On ne peut se permettre .... In: *Hommage à André Gide,* Sondernummer der Nouvelle Revue Française, 1951.
Venise que j'aime (Einleitung von Cocteau zu einem Text von André Fraigneau und Photographien von Michel Déon), Paris: Sun, 1951.
deutsche Übersetzung: *Mein geliebtes Venedig,* aus dem Französischen von Waldemar Sonntag; Bonn: Hieronimi, 1958.
Gide vivant (Gespräch mit Colin-Simard), Paris: Amiot-Dumont, 1952.
Cet élève qui devient mon maître. In: Les Nouvelles littéraires, 5. Juni 1952.
Prestige de la Danse (mit einem Beitrag von Cocteau), Paris: Portal, 1953.
Journal d'un inconnu, Paris: Grasset, 1953.
deutsche Übersetzung: *Tagebuch eines Unbekannten,* aus dem Französischen von Johannes Piron; erstmals Berlin: Propyläen, 1957.

Démarche d'un poète/Der Lebensweg eines Dichters, zweisprachige Ausgabe, aus dem Französischen von Friedhelm Kemp; München: Bruckmann, 1953.

Versailles. Spectacle Son et Lumière. In: La Table Ronde, n° 68, August 1953.

Pablo Picasso. In: La Table Ronde, n° 70, Oktober 1953.

Apollinaire. In: La Parisienne, n° 13, Januar 1954.

Promenades avec Guillaume Apollinaire. In: Le Flâneur des Deux Rives, n° 2, Juni 1954.

Colette. Discours de réception à l'Académie royale de langue et de littérature françaises de Belgique, Paris: Grasset, 1955.

deutsche Übersetzung: *Colette. Rede anläßlich der Aufnahme in die Académie Royale de Langue et de Littérature françaises de Belgique,* aus dem Französischen von Edwin Maria Landau; Frankfurt/Main: Insel, 1978.

Discours de réception à l'Académie française, Paris: Gallimard, 1955.

deutsche Übersetzung: *Rede bei seiner Aufnahme in die Académie Française,* aus dem Französischen von Albert Schulze-Vellinghausen. In: Neue Rundschau, 4, 1956.

Matisse. In: Livres de France, n° 8, Oktober 1955.

Le dernier quart d'heure de... (mit einem Beitrag von Cocteau), Paris: Editions de la Table Ronde, 1955.

Discours de Strasbourg, Metz: S. M. E. I., 1956.

Discours d'Oxford, Paris: Gallimard, 1956.

Adieu à Mistinguett, Liège: Editions Dynamo, 1956.

Entretiens sur le musée de Dresde (mit Louis Aragon), Paris: Editions Cercle d'art, 1957.

deutsche Übersetzung: *Gespräche über die Dresdener Galerie,* aus dem Französischen von Claude Keisch; Stuttgart: Belser, 1981.

La Corrida du 1er Mai, Paris: Grasset, 1957.

Devenir, ou l'âme exquise de Roger Martin du Gard. In: *Hommage à R. Martin du Gard,* Paris: N. R. F., 1958.

Jean Marais, l'acteur poète (Begleittext zu einem Photoband), zweisprachig, aus dem Französischen von Brigitte Gmelin, Hamburg-Volksdorf: Verlag Johannes Maria Hoeppner, 1959.

Le Palais Royal (Text zu Zeichnungen von Veronique Filozof), aus dem Französischen von Friedrich Hagen; Heidelberg: Lambert Schneider, 1959.

Poésie critique I, Paris: Gallimard, 1959 (enthält *Préface au passé; Le Secret professionnel; D'un ordre considéré comme une anarchie; Apollinaire; Picasso; Max Jacob; Marcel Proust; Raymond Roussel; Jean Desbordes; Essai de critique indirecte* [Auszüge]; *Le mythe du Gréco; Paul Verlaine, place du Panthéon; Gide vivant; Jean Marais; La légende de sainte Ursule; Modigliani; Bernard Buffet; La Princesse de Clèves; Jean-Jacques Rousseau*).

Poésie critique II, Paris: Gallimard, 1960 (enthält *Démarche d'un poète* [kurzer Auszug]; *Lettre à Jacques Maritain; Lettre aux Américains; Discours de réception à l'Académie royale de Belgique; Discours de réception à l'Académie française; Discours d'Oxford; Discours sur la poésie; Les Armes secrètes de la France*).

Entretien (mit Jean Domarchi und Jean-Louis Laugier). In: Cahiers du Cinéma, n° 109, 1960.

Salut de prince. Hommage à Savinio. Testament d'Orphée, Mailand: Vanni Scheiwiller, 1961.

Le Cordon ombilical, Paris: Plon, 1962.

Discours à l'Académie royale de Belgique, Liège: Editions Dynamo, 1962.

Picasso 1916–1961, Monaco: Editions du Rocher, 1962.

La maison du poète/Das Haus des Dichters, mit Cocteaus handschriftlichem Text, aus dem Französischen von Sonja Bütler, Zürich: Arche, 1962.

La Comtesse de Noailles oui et non, Paris: Librairie académique Perrin, 1963.

Portrait-Souvenir (Gespräch mit Roger Stéphane), Paris: Tallandier, 1964.

Catalogue de l'exposition Lucien Clergue. Textes et poèmes pour Lucien Clergue, Musée de Lunéville, 1964.

Entretiens avec André Fraigneau, Paris: Union générale d'éditions, 1965.

Jean Cocteau par Jean Cocteau (Gespräche mit William Fifield), Paris: Stock, 1973.

Du cinématographe (von André Bernard und Claude Gauteur zusammengestellte Texte), Paris: Belfond, 1973.

Entretiens autour du cinématographe (von André Bernard und Claude Gauteur erweiterte Fassung des Buchs von 1951), Paris: Belfond, 1973.

deutsche Übersetzung: eine Auswahl aus den beiden letztgenannten Büchern bietet *Kino und Poesie*, ausgewählt und aus dem Französischen von Klaus Eder; erstmals München: Hanser, 1979.

Poésie de journalisme (Artikel, hrsg. von Pierre Chanel), Paris: Belfond, 1973.

Cocteau retrouvé (von Claude Gauteur zusammengestellte Texte über das Kino). In: Lumière de cinéma, n° 7, September 1977.

Inédit féodal. In: Cahiers Jean Cocteau, n° 8, Paris: Gallimard, 1979.

Mes Monstres sacrés (von Edouard Dermit und Bertrand Meyer zusammengestellte Texte), Paris: Encre, 1979.

Textes épars (verschiedene verstreut veröffentlichte Artikel, Vorworte etc.). In: Cahiers Jean Cocteau, n° 9, Paris: Gallimard, 1981; sowie in: Cahiers Jean Cocteau, n° 10, Paris: Gallimard, 1985.

Le Passé défini I. Journal 1951–1952, hrsg. von Pierre Chanel, Paris: Gallimard, 1983.

Le Passe défini II. Journal 1953, hrsg. von Pierre Chanel, Paris: Gallimard, 1985.

Eine Anthologie aus den kritischen Schriften in deutscher Übersetzung:

— *Prosa*, hrsg. von Klaus Möckel, Berlin: Volk und Welt, 1971.

V. VORWORTE:

Aus der Unzahl von Vorworten, die Jean Cocteau geschrieben hat, seien hier nur einige Beispiele genannt. Weitere, jedoch ebenfalls unvollständige Angaben findet man etwa in dem von Paul Raabe bearbeiteten bibliographischen Anhang zu André Fraigneau, *Jean Cocteau in Selbstzeugnissen und Bilddokumenten*, Reinbek, 1961, und bei Jacques Brosse, *Cocteau*, Paris, 1970.

Vorworte zu:

— Klaus Mann, *Alexandre*, Paris, 1931.
deutsche Übersetzung in: Klaus Mann, *Alexander*, München, 1963.
— J. Vienot, *Cappiello*, Paris, 1946 (wiederabgedruckt in: Cahiers Jean Cocteau, n° 10).
— Abbé Prevost, *Histoire du Chevalier des Grieux et de Manon Lescaut*, Paris, 1948.
— Léon Tolstoi, *Anna Karénine*, Paris, 1948.
— Doré Ogrizek, *Paris tel qu'on l'aime*, Paris, 1949 (wiederabgedruckt in: Cahiers Jean Cocteau, n° 10).
— Gabrielle Vienne, *Christian Bérard*, Paris, 1950.
— G. Spaventa Filippi, *Italie*, Paris, 1953.
— *Prestige des Mille et Une Nuits*, Paris, 1953.
— *L'Allemagne*, Paris, 1954.
— Robert Gouffin, *Foudre natale*, Paris/Brüssel, 1955.
— J. Dauven, *Jean Cocteau chez les sirènes*, Monaco, 1956.
— Keith Goesch, *Raymond Radiguet*, Paris, 1955.
— Jean-René Legrand, *Méditations cabbalistiques sur des symboles traditionnels*, Paris, 1955.
— *Le Décor de théâtre dans le monde*, Paris, 1956.
— Fereydoun Hoveyda, *Petite Histoire du roman policier*, Paris, 1956.
— Jean-Marie Magnan, *La Nuit d'Arles*, Paris, 1957.
— Dante, *Une Descente aux enfers*, Paris, 1958.
— Michel Sima, *21 Visages d'artistes*, Paris, 1959.
— Serge Lido, *Panorama de la danse*, Paris, 1960.
— Lucien Clergue, *Poesie der Photographie*, aus dem Französischen von Edwin Maria Landau, Köln, 1960.
— Alfred Bader (Hrsg.), *Wunderwelt des Wahns*, Köln, 1961.
— Jacques François Ormond, *Schwingen*, München, 1962.
— *Chefs d'œuvre de l'art*, t. I, Paris, 1963.
— Doré Ogrizek (Hrsg.), *Frankreich, ein Porträt in Farben*, aus dem Französischen von Hans-Jürgen Winkler, München, 1963.
— Raymond Oliver, *Recettes pour un ami*, Paris, 1964.
— Alain-Valéry Aelberts, *Nouveaux Fatras*, Liège, 1965.
— Léon Moussinac, *Le Théâtre des origines à nos jours*, Paris, 1966.

VI. GRAPHISCHES UND MALERISCHES WERK (POESIE GRAPHIQUE):

Dessins (129 Zeichnungen), Paris: Stock, 1924 (Neuveröffentlichung: *Drawings,* New York: Dover Publications, 1972).

Le Mystère de Jean l'oiseleur (31 Selbstporträts, begleitet von einem poetischen Monolog), Paris: Edouard Champion, 1925 (Neuveröffentlichung: Paris: Persona, 1983).

Maison de santé (31 Zeichnungen), Paris: Briant-Robert, 1926.

Poésie plastique. Objets – dessins (Katalog), Paris: Editions des Quatre Chemins, 1927.

25 dessins d'un dormeur, Lausanne: Mermod, 1929.

60 dessins pour »Les Enfants terribles«, Paris: Grasset, 1935.

Dessins en marge des »Chevaliers de la Table Ronde« (60 Zeichnungen), Paris: Gallimard, 1941.

Drôle de ménage (Kinderbuch mit 30 Zeichnungen), Paris: Morihien, 1948.

La Chapelle Saint-Pierre, Villefranche-sur-mer (Führer), Monaco: Editions du Rocher, 1957.

La Chappelle Saint-Pierre (Lithographien), Paris: F. Mourlot, 1958.

La Salle des mariages, hôtel de ville de Menton, Monaco: Editions du Rocher, 1958.

Gondole des morts (17 Zeichnungen), Mailand: Vanni Scheiwiller, 1959.

Saint-Blaise-des-Simples (Führer), Monaco: Editions du Rocher, 1960.

Bücher mit Illustrationen von Cocteau:

a) eigenes literarisches Werk:

— *Le Potomak,* Paris: Société littéraire de France, 1919.
— *Le Secret professionnel,* Paris: Sans Pareil, 1925.
— *Le Grand Ecart,* Paris: Stock, 1926.
— *Thomas l'imposteur,* Paris: Gallimard, 1927.

— *Le Livre blanc,* Paris: Editions du Signe, 1930. (Neu illustrierte Ausgaben: Paris: Morihien, 1949; sowie Paris: Messine, 1983.)
— *Opium,* Paris: Stock, 1930.
— *La Machine infernale,* Paris: Grasset, 1934.
— *Portraits-Souvenir,* Paris: Grasset, 1935.
— *Renaud et Armide,* Paris: Gallimard, 1943.
— *Orphée,* Paris: Rombaldi, 1944.
— *Portrait de Mounet-Sully,* Paris: François Bernouard, 1945.
— *Léone,* Paris: Gallimard, 1945.
— *Deux Travestis,* Paris: Fournier, 1947.
— *Les Enfants terribles,* Brüssel: Editions du Frêne, 1948.
— *Théâtre de poche,* Paris: Morihien, 1949.
— *Anthologie poétique,* Paris: Club français du livre, 1951.
— *La Nappe du Catalan* (zusammen mit Georges Hugnet), Paris: Fequet et Baudier, 1952.
— *Opéra,* Paris: Arcanes, 1952.
— *Carte Blanche,* Lausanne: Mermod, 1953.
— *Démarche d'un poète,* München: Bruckmann, 1953.
— *Thomas der Schwindler,* München/Wien/Basel: Desch, 1954.
— *Le Grand Ecart. La Voix humaine,* Paris: Club des éditeurs, 1957.
— *La Corrida du 1er Mai,* Paris: Grasset, 1957.
— *Théâtre I et II,* Paris: Grasset, 1957.
— *Le Sang d'un poète,* Monaco: Editions du Rocher, 1957.
— *Le Cordon ombilical,* Paris: Plon, 1961.

b) von Cocteau illustrierte Werke anderer Autoren:

— Jean Genet, *Querelle de Brest*, Paris: Morihien, 1947.
— Thierry Maulnier, *La Course des rois*, Paris: Valmont, 1947.
— Tennessee Williams, *Un tramway nommé désir*, Paris: Bordas, 1949.
— Sacha Guitry, *L'Illusioniste*, Paris: R. Solar, 1952.
— Raymond Radiguet, *Le Bal du comte d'Orgel*, Monaco: Editions du Rocher, 1953.
— Geneviève Laporte, *Sous le manteau de feu*, Paris: Joseph Forêt, 1955.

— Paul Valéry, *Douze poèmes*, Paris: Les Bibliophiles du palais, 1959.
— Roger Pillaudin, *Jean Cocteau tourne son dernier film*, Paris: Editions de La Table Ronde, 1960.
— André Verdet, *Montagnes marines*, Gières: Editions Gastaud, 1961.
— Jean-Marie Magnan, *Taureaux*, Paris: M. Trinckvel, 1965.

Eine Auswahl aus dem graphischen Werk mit einer Einführung und einer detaillierten Bibliographie bietet Pierre Chanel in seinem Buch *Jean Cocteau, poète graphique*, Paris: Chêne/Stock, 1975. Ferner siehe auch

— Friedrich Hagen, *Zwischen Stern und Spiegel. Jean Cocteau als Zeichner*, München/Wien: Andermann, 1956.
— Pierre Chanel, *Jean Cocteau portraitiste* (Ausstellungskatalog), Musée de Lunéville, 1965.
— Pierre Chanel, *Jean Cocteau: écriture et plastique* (Ausstellungskatalog), Musée de Lunéville, 1968.
— *Dessins, Lithographies, Affiches/Zeichnungen, Lithographien, Plakate.* Mit einer Einführung von Eryck de Rubercy, Lilienthal: Worpsweder Verlag, 1982.
— *Jean Cocteau, poète graphique* (Ausstellungskatalog), Marseille, 1983.
— Marie Claude Dane/Vincent Gille, *Cocteau et les arts plastiques* (Ausstellungskatalog), Paris: Les musées de la ville de Paris, 1984.

VII. FILME (POESIE CINÉMATOGRAPHIQUE):

Siehe den bibliographischen Anhang zu dem Band »Filme« dieser Ausgabe.

VIII. SCHALLPLATTEN:

Cocteau hat mehrmals Gedichte auf Platte gesprochen. Auch Reden und Theaterstücke wurden aufgenommen. Ausführlichere Angaben zu älteren französischen Aufnahmen finden sich im Anhang zu Jacques Brosse, *Cocteau*, Paris, 1970.

Einige neuere Veröffentlichungen:

— *Hommage à Jean Cocteau* (Auszüge aus seinem Werk, darunter *Les Mariés de la tour Eiffel, La Voix humaine* und Gedichte aus *Opéra*), Album mit 4 Platten. Serie »Théâtre de toujours« bei Pathé-Marconi.
— *Un ami dort, Visite,* Gedichte von Jean Cocteau, gesprochen von Serge Reggiani, Polydor, 1980.
— *Poèmes de »Plain-Chant«,* gesprochen von Jean Cocteau. Reihe »Encyclopédie sonore« bei Bordas.

In deutscher Sprache:

— *Der schöne Teilnahmslose.* Nach einer Übersetzung von Gerda von Uslar, gesprochen von Grete Mosheim. – *Die geliebte Stimme.* Nach einer Übersetzung von Hans Feist, gesprochen von Hildegard Knef. Hamburg: Deutsche Grammophon Gesellschaft, Literarisches Archiv, 1965.

IX. BRIEFE:

— verschiedene Briefe in: Cahiers Jean Cocteau, n° 1–5, Paris: Gallimard, 1969–1975.
— *Lettres à André Gide avec quelques réponses d'André Gide,* hrsg. von Jean-Jacques Kihm, Paris: Editions de la Table Ronde, 1970.
— *Lettres à Milorad,* hrsg. von Milorad, Paris: Editions de Saint-Germain-des-Prés, 1975.
— Maryse Garneau, *Etude de la correspondance Jean Cocteau – Emile Blanche (1912–1939)*. Dissertation, Faculté des Lettres et Scien-

ces humaines de l'Université de Rouen, 1978 (mit 75 Briefen Jean Cocteaus).
— *Trois lettres à Jacques Audiberti.* In: Sud, n° 34/35, Marseille, 1980.
— *Correspondance avec Jean-Marie Magnan,* Paris: Belfond, 1981.
— *Lettres à ma chérie* (fünf Briefe an seine Mutter). In: Magazine littéraire, n° 119, Oktober 1983.
— *Lettres à Jean Marais,* Paris: Albin Michel, 1987.

Zur Erstellung dieser Bibliographie wurden insbesondere folgende Arbeiten zu Rate gezogen:

— Jacques Brosse: *Cocteau,* Paris: Gallimard, 1970.
— Pierre Chanel: *Jean Cocteau, poète graphique,* Paris: Stock/Chêne, 1975.
— Claude Beylie/Pierre Chanel: Anhang zu: Jean Cocteau, *Le Testament d'Orphée/Le Sang d'un poète,* Monaco: Editions du Rocher, 1983.
— Friedrich Hagen: *Leben und Werk des Jean Cocteau,* München/Wien/Basel: Desch, 1961.
— André Fraigneau: *Jean Cocteau in Selbstzeugnissen und Bilddokumenten* (Bearbeitung des bibliographischen Anhangs der deutschen Ausgabe: Paul Raabe).

LITERATUR ZU LEBEN UND WERK JEAN COCTEAUS

I. BÜCHER:

Roger Lannes: *Cocteau*, Paris, 1945 (erweiterte Ausgabe: 1952).

Claude Mauriac: *Jean Cocteau ou la vérité du mensonge*, Paris, 1945.

Max Jacob: *Lettres à Jean Cocteau*, Paris, 1950.

Jean-Pierre Millecam: *L'Etoile de Jean Cocteau*, Monaco, 1952.

Pierre Dubourg: *Dramaturgie de Jean Cocteau*, Paris, 1954.

Margaret Crosland: *Jean Cocteau*, London, 1955.

Kalikst Morawski: *Jean Cocteau – dramaturg*, Lublin, 1955.

Jean Dauven: *Jean Cocteau chez les sirènes. Une expérience de linguistique sur le discours de réception à l'Académie française de Cocteau*, Monaco, 1956.

Friedrich Hagen: *Zwischen Stern und Spiegel: Jean Cocteau als Zeichner*, München/Wien, 1956.

André Fraigneau: *Cocteau par lui-même*, Paris, 1957. Deutsche Übersetzung: *Jean Cocteau in Selbstzeugnissen und Bilddokumenten*, Reinbek, 1961.

Neal Oxenhandler: *Scandal and parade. The theatre of Jean Cocteau*, New Brunswick, 1957.

Karl Günter Simon: *Jean Cocteau oder Die Poesie im Film*, Berlin, 1958.

Micheline Meunier: *Méditerranée ou les deux visages de Jean Cocteau*, Paris, 1959.

Jean-Jacques Kihm: *Cocteau*, Paris, 1960.

Roger Pillaudin: *Jean Cocteau tourne son dernier film*, Paris, 1960.

Friedrich Hagen: *Leben und Werk des Jean Cocteau*, 2 Bde., München/Wien/Basel, 1961.

René Gilson: *Jean Cocteau*, Paris, 1964.

Micheline Meunier: *Présence de Jean Cocteau*, Lyon, 1964.

Jean Cocteau: *Entretiens avec André Fraigneau,* Paris, 1965.
Gérard Mourgue: *Cocteau,* Paris, 1965.
Jean Cocteau: *Entre Picasso et Radiguet* (Anthologie, hrsg. und kommentiert von André Fermigier), Paris, 1967.
Clément Borgal: *Cocteau, Dieu, la mort, la poésie,* Paris, 1968.
Frederick Brown: *An Impersonation of Angels,* New York, 1968. Deutsche Übersetzung: *Ein Skandal fürs Leben,* Bern/München, 1980.
Jean-Jacques Kihm/Elizabeth Sprigge/Henri C. Béhar: *Jean Cocteau. L'homme et les miroirs,* Paris, 1968. Deutsche Übersetzung: *Jean Cocteau. Sein Leben – ein Meisterwerk,* bearbeitet von Friedrich Hagen, München/Wien/Basel, 1970.
Jean-Marie Magnan: *Cocteau devant Dieu,* Paris, 1968.
Jacques Madaule: *Cocteau et le dieu caché,* Paris, 1969.
Jacques Brosse: *Cocteau,* Paris, 1970.
Pierre Chanel: *Album Cocteau,* Paris, 1970.
Hans Rudolf Kautz: *Dichtung und Kunst in der Theorie Jean Cocteaus,* (Dissertation) Heidelberg, 1970.
Bettina L. Knapp: *Jean Cocteau,* New York, 1970.
Claude Mauriac: *Une Amitié contrariée,* Paris, 1970.
Robert Phelps: *Professional Secrets. An Autobiography of Jean Cocteau,* New York, 1970.
Francis Steegmuller: *Cocteau. A Biography,* Boston/Toronto, 1970.
Micheline Meunier: *Jean Cocteau et Nietzsche ou la Philosophie du matin,* Paris, 1971.
Elke Schellenberg: *Studien zu Jean Cocteaus Funktionsbestimmung von Kunst und Literatur,* (Dissertation) Marburg, 1972.
Otto Wirtz: *Das Poetologische Theater Jean Cocteaus,* Genf/Paris, 1972.
William Fifield: *Jean Cocteau par Jean Cocteau,* Paris, 1973.
Arthur King Peters: *Jean Cocteau and André Gide. An abrasive friendship,* New Brunswick, 1973.
William Fifield: *Cocteau,* New York/London, 1974.
Pierre Chanel: *Jean Cocteau, poète graphique,* Paris, 1975.
Jean Marais: *Histoires de ma vie,* Paris, 1975. Deutsche Übersetzung: *Spiegel meiner Erinnerung,* München, 1975.

Irena Filipowska: *Eléments tragiques dans le théâtre de Jean Cocteau,* Poznán, 1976.
Clément Borgal: *Cocteau poète de l'au-delà,* Paris, 1977.
Filmclub »e 69«: *Zu den Filmen von Jean Cocteau,* Kempten, 1977.
Lydia Crowson: *The Esthetic of Jean Cocteau,* New Hampshire, 1978.
Dieter Möller: *Jean Cocteau und Igor Strawinsky. Untersuchungen zur Ästhetik und zu »Oedipus Rex«,* Hamburg, 1981.
Francesco Dorigo: *Il cinema di Cocteau,* Lecce, 1982.
Jean Cocteau poète du spectacle (Ausstellungskatalog), Paris, 1984.
Marie-Claude Dane/Vincent Gille (Hrsg.): *Jean Cocteau et les arts plastiques* (Ausstellungskatalog), Paris, 1984.
Jean-Jacques Kihm: *Journal. T. III: Autour de Cocteau,* Paris, 1984.
Klaus Rave: *Orpheus bei Cocteau. Psychoanalytische Studie zu Jean Cocteaus dichterischem Selbstverständnis;* Frankfurt/Bern/New York/Nancy, 1984.
Philippe de Miomandre: *Moi, Jean Cocteau,* Paris, 1985.
Arthur King Peters (Hrsg.): *Jean Cocteau and the French Scene,* New York, 1985.
Erik Aschengreen: *Jean Cocteau and the dance,* Kopenhagen, 1986.
Frank W. Ries: *The dance theatre of Jean Cocteau,* Ann Arbor, 1986.

II. ARTIKEL UND AUFSÄTZE:

Ernst Robert Curtius: *Der junge Cocteau* (1927). In: ders.: *Kritische Essays zur europäischen Literatur,* Bern, ²1954; S. 397–403.
J. Laver: *The theatre and Jean Cocteau.* In: Life and Letters, 1, 1928; S. 201–207.
H. Gutmann: *Cocteau von Deutschland aus gesehen.* In: Melos, 9, 1930; S. 357–361.
Alfred Mortier: *Cocteau et la gauche littéraire.* In: Grande Revue, 141, 1933; S. 223–236.
Robert Brasillach: *Jean Cocteau.* In: ders.: *Portraits,* Paris, 1935.
René Tavernier: *Blaise Cendrars et Jean Cocteau.* In: Confluences, 3, n° 21, 1943; S. 166–169.

Jacques Rivière: *Jean Cocteau*. In: ders.: *Nouvelles études*, Paris, 1947.
Klaus Mann, in seinem Lebensbericht *Der Wendepunkt* (1949), München, 1969; S. 216–222.
J. Boorsch: *The use of myth in Cocteau's theatre*. In: Yale French Studies, 3, 1950; S. 75–81.
René Etiemble: *La, mouche mâlèche*. In: Les Temps modernes, 5, n° 54, April 1950; S. 1859–1868.
Heinz Gehle: *Jean Cocteau, Dichter und Mensch*. In: Deutsche Rundschau, 80, 1954; S. 692–695.
Heinz Gehle: *Das dramatische Werk von Jean Cocteau*. In: Die Neueren Sprachen, 3, 1954; S. 305–311.
Erik de Mauny: *A little guide to Jean Cocteau*. In: The London Magazine, 2, 1955; S. 68–77.
Antonio Fongaro: *Jean Cocteau – mensonge et poésie*. In: Letterature moderne, 6, 1956; S. 534–548.
Frederick Lumley: *The Cocteau legend*. In: ders.: *Trends in 20th century drama*, London, 1956; S. 114–123.
Albert Schulze-Vellinghausen: *Zu Cocteaus Rede*. In: Die Neue Rundschau, H. 4, 1956; S. 666–670.
Vera Rašin: *»Les Six« and Cocteau*. In: Music and Letters, 38, 1957; S. 164–169.
D. Stewart: *Cocteau, the last imagist poet*. In: The European, 10, 1957; S. 37–41.
Pierre Brodin: *Cocteau*. In: ders.: *Littérature*, Paris, 1958; S. 85–102.
David I. Grossvogel: *Cocteau*. In: ders.: *Self-conscious stage in modern French drama*, New York, 1958; S. 73–84.
E. Balmas: *Cocteau, homme de théâtre*. In: ders.: *Aspects et problèmes de la littérature contemporaine*, Mailand, 1959; S. 119–134.
M. Lobet: *Cocteau choréopoète des Ballets Russes*. In: Revue générale belge, 5, 95, 1959; S. 73–84.
Albert Schulze-Vellinghausen: *Bacchus*. In: ders.: *Theaterkritik*, Hannover, 1961; S. 165–168.
Robert Marteau: *De Gongora à Cocteau*. In: Esprit, 30, 1962; S. 333–336.
Ulrich Weisstein: *Cocteau, Stravinsky, Brecht and the Birth of Epic Opera*. In: Modern Drama, 5, 1962; S. 142–153.

John C. Cutts: *»They do it with mirrors«. Shakespeare and Cocteau.* In: Revue de littérature comparée, 38, 1964, S. 121–127.

Gérard Mourgue: *Poésie de dessins chez Cocteau.* In: La Nouvelle Revue Française, 25, n° 149, Mai 1965; S. 937–939.

Bodo Müller: *Orpheus und der Schwan von Betis. Zu Jean Cocteaus Góngora-Rezeption.* In: Zeitschrift für französische Sprache und Literatur, 75, 1965; S. 193–227.

Bernard Fay: *L'arlecoq.* In: ders.: *Les précieux,* Paris, 1966; S. 263–293.

Marianne Kesting: *Jean Cocteau. Der Klassizist als Taschenspieler.* In: dies.: *Panorama des zeitgenössischen Theaters,* München, 1969; S. 113–116.

Kurt Marti: *Zu Cocteaus deutsch geschriebenen Gedichten.* In: Almanach für Literatur und Theologie, H. 3, 1969; S. 56–60.

Claude Hodin: *L'écriture au travail.* In: Critique, n° 281, Oktober 1970; S. 839–855.

Thomas Rees: *Notes on the Aesthetics of Cocteau. Clair-obscur, Conscious-Unconscious.* In: Studies in the Twentieth Century, 7, 1971; S. 51–70.

Lydia Crowson: *Myth in Cocteau's Theater: Art as Revenge.* In: Research Studies, 42, 1974; S. 139–146.

James P. McNab: *The emergence of Cocteau as poet in the 1920's.* In: Philip Crant (Hrsg.): *Authors and their centuries.* French literature series 1, Columbia, 1974; S. 167–175.

Carlos de Radzitzky: *Jean Cocteau, dix ans après.* In: Revue générale (Brüssel), 4, April 1974; S. 17–33.

Jacques de Langlade: *Jean Cocteau: les masques et les miroirs.* In: ders.: *Oscar Wilde écrivain français,* Paris, 1975; S. 249–285.

Irena Filipowska: *Etat des recherches sur Cocteau.* In: Studia Romanica Posnaniensia, 3, 1976; S. 3–17.

Irena Filipowska: *Destin tragique – idée maîtresse des romans de Jean Cocteau.* In: Studia Romanica Posnaniensia, 4, 1978.

Milorad: *Eugen, Mortimer oder »La poésie selon Cocteau«.* In: Schweizer Rundschau, 4, Mai 1978; S. 20–26.

Robert Poulet: *Cocteau.* In: Ecrits de Paris, 384, Oktober 1978; S. 92–94.

René Galand: *Cocteau's sexual equation.* In: George Stambolian/ Elaine Marks (Hrsg.): *Homosexualities and French literature,* Ithaca/London, 1979; S. 279–294.

Emily Cells: *Proust pasticheur de Cocteau.* In: Bulletin d'informations proustiennes, 12, 1981; S. 75–85.

Irena Filipowska: *Jean Cocteau et ses attitudes envers les problèmes sociaux.* In: *La pensée sociale dans la littérature française,* Katowice, 1981; S. 127–140.

Radoslav Josimović: *La poésie et la peinture dans l'œuvre de Cocteau.* In: Z. Konstaninović/S. P. Scher/U. Weisstein (Hrsg.): *Literature and the other arts,* Innsbruck, 1981; S. 185–188.

Jürgen Grimm: *Jean Cocteau.* In: ders.: *Das avantgardistische Theater Frankreichs 1895–1940,* München, 1982; S. 104–128.

Jacques Brosse: *Cocteau, ses amis et l'art de son temps (1916–1923).* In: Historia, n° 443, Oktober 1983; S. 120–125.

Jean Onimus: *Comment Cocteau apprivoise la mort.* In: Gilles Ernst (Hrsg.): *La mort en toutes lettres,* Nancy, 1983; S. 183–195.

Philippe Dulac: *Cocteau critique.* In: La Nouvelle Revue Française, n° 373, Februar 1984; S. 69–75.

Flavia Nariotti: *Avanguardia e tradizione nel primo Cocteau.* In: Esperienze letterarie IX, 1, Januar–März 1984; S. 85–96.

Heinz Klüppelholz: *Die herbeigeträumte Erleuchtung oder Die Aktualisierung des Mittelalters in Jean Cocteaus »Les Chevaliers de la Table Ronde«.* In: französisch heute, 2, 1985.

Heinz Klüppelholz: *Jean Cocteau.* In: Kritisches Lexikon zur fremdsprachlichen Gegenwartsliteratur, 7, 1985.

Judith G. Miller: *Cocteau and Hélène Cixous. Oedipus.* In: James Redmond (Hrsg.): *Drama, Sex and politics,* Cambridge, 1985; S. 203–211.

Heinz Klüppelholz: *Von der Farce zum Mysterium – Die Surrealisierung des Mittelalters bei Jean Cocteau.* In: Reinhold R. Grimm (Hrsg.): *Rezeption mittelalterlicher Literatur in der Neuzeit,* Heidelberg, 1986.

III. ZEITSCHRIFTENSONDERNUMMERN:

Empreintes, 7/8, Mai–Juli 1950.
La Table Ronde; n° 94, Oktober 1955.
Cahiers des Saisons, 2, Oktober 1956.
Points et contrepoints, Oktober 1961.
Adam (London), n° 300, 1965.
L'Avant-Scène du Théâtre, n° 365/366, 1966.
La Revue de Belles Lettres (Genf/Lausanne), 1/2, 1969: *Mémorial Jean Cocteau,* hrsg. von Charles Rathgeb und Paul Valloton.
Magazine littéraire, n° 38, März 1970.
HAD International, n° 17, 1973.
La Revue des Lettres modernes, n° 298–303, Paris, 1973: *Jean Cocteau I: Cocteau et les mythes,* von Jean-Jacques Kihm und Michel Décaudin zusammengestellte Texte.
Bulletin de l'association »Les Amis des Arts« (Reillane), n° 28, 1979.
Nadir (Le Puy), n° 5, September 1981.
Cinéma 83, n° 293, Mai 1983: *Jean Cocteau cinéaste.*
Masques, n° 19, 1983: *Album Masques: Jean Cocteau.*
Le Nouvel Observateur, n° 986, 30. September bis 6. Oktober 1983.
Gai Pied Hebdo, n° 88, 8. Oktober 1983: *Les hommes de Jean Cocteau.*
Libération, Oktober 1983: *Spécial Cocteau.*
Magazine littéraire, n° 199, Oktober 1983.
Cahiers Jean Cocteau, Paris: Gallimard; bisher erschienen:
n° 1, 1969.
n° 2, 1971.
n° 3, 1972: *Jean Cocteau et le cinématographe.*
n° 4, 1973: *Raymond Radiguet – Jean Cocteau.*
n° 5, 1975: *Jean Cocteau et son théâtre.*
n° 6, 1977: *La Poésie.*
n° 7, 1978: *Avec les musiciens.*
n° 8, 1979: *Le Romancier.*
n° 9, 1981: *Théatre inédit et textes épars.*
n° 10, 1985: *Théâtre inédit et textes épars.*

Für Literatur zu den Filmen Jean Cocteaus siehe auch den Band »Filme« dieser Ausgabe; weitere Arbeiten zu einzelnen Werken finden sich außerdem jeweils in den verschiedenen Bänden dieser Ausgabe.

EINE ÜBERSICHT ÜBER LEBEN UND WERK

1889	am 5. Juli in Maisons-Laffitte nahe Paris als Sohn einer wohlhabenden Familie geboren.
1899	5. April: Jeans Vater begeht aus ungeklärten Gründen Selbstmord.
1900–1906	Schulbesuch in Paris.
1907	gibt nach dem dritten erfolglosen Versuch, die Reifeprüfung zu bestehen, seine Schulausbildung auf.
1908	erste Lesung seiner Gedichte; beginnt am mondänen Pariser Gesellschaftsleben teilzunehmen, verkehrt u. a. mit Marcel Proust, Anna de Noailles, Reynaldo Hahn.
1909	erste Buchveröffentlichung: der Gedichtband *La Lampe d'Aladin*. Mitbegründer der luxuriösen literarischen Zeitschrift *Schéhérazade*. Lernt den Leiter des Russischen Balletts, Serge Diaghilew, kennen.
1910	Gedichtband *Le Prince frivole*.
1911	Zeichnungen für das Russische Ballett; macht die Bekanntschaft Igor Strawinskys.
1912	Aufführung seines Balletts *Le Dieu bleu*. Gedichtband *La Danse de Sophocle*.
1913	künstlerische Neuorientierung; distanziert sich von seiner gesamten bisherigen Arbeit und wird fortan die Liste seiner Werke mit dem in diesem Jahr entstehenden Prosawerk *Le Potomak* beginnen lassen.
1914	Erster Weltkrieg; vom Kriegsdienst zurückgestellt, zeitweise als freiwilliger Ambulanzhelfer an der Front. Mitbegründer der Zeitschrift *Le Mot*.
1915	schreibt an Gedichten zu *Le Cap de Bonne Espérance* und *Discours du grand sommeil* (Rede vom großen Schlaf). Pflegt den Umgang mit den Künstlern von Mont-

martre und Montparnasse, mit Max Jacob, Picasso, Cendrars, Apollinaire, Erik Satie. Gegen Ende des Jahres erneut als Ambulanzhelfer in Nieuport.

1916 läßt sich endgültig ausmustern. Arbeitet mit Satie und Picasso an dem Ballett *Parade*.

1917 mit Picasso und Strawinsky in Rom, wo Diaghilew *Parade* vorbereitet. Mai: Uraufführung von *Parade* in Paris.

1918 veröffentlicht das musik- und kunsttheoretische Manifest *Le Coq et l'Arlequin* (Hahn und Harlekin).

1919 lernt den erst sechzehnjährigen Dichter Raymond Radiguet kennen, der bald sein engster Freund wird. Artikelserie *Carte Blanche* über die Pariser Künstlerszene. *Le Cap de Bonne Espérance*, *Ode à Picasso* und *Le Potomak* erscheinen.

1920 Uraufführung des Mimodrams *Le Bœuf sur le toit* (Der Ochs auf dem Dach). Gründet mit Radiguet die Zeitschrift *Le Coq*, veröffentlicht *Poésies 1917–1920*.

1921 Uraufführung von *Les Mariés de la tour Eiffel* (Die Hochzeit auf dem Eiffelturm).

1922 langer Aufenthalt in Le Lavandou und Pramousquier an der Côte d'Azur mit Radiguet; schreibt hier *Le Grand Ecart* (Die große Kluft), *Thomas l'imposteur* (Thomas der Schwindler) und *Plain-Chant* (Choral). Der Gedichtband *Vocabulaire* (Wortschatz) und der Essay *Le Secret professionnel* (Das Berufsgeheimnis) erscheinen. Dezember: Uraufführung von *Antigone*.

1923 Rede *D'un ordre considéré comme une anarchie*. 12. Dezember: Raymond Radiguet stirbt an Typhus. *Le Grand Ecart*, *Thomas l'imposteur* und *Plain-Chant* erscheinen.

1924 Uraufführung seiner Shakespeare-Bearbeitung *Roméo et Juliette* und des Balletts *Le Train bleu*. Versammelt die meisten seiner bisherigen Gedichte in *Poésie (1916–1923)*. Massiver, regelmäßiger Opiumgenuß. Der katholische Religionsphilosoph Jacques Maritain führt ihn vorübergehend in die Arme der Kirche.

1925 Entziehungskur auf Drängen Maritains. Sommer: in Villefranche an der Côte d'Azur Arbeit an Gedichten zu *Opéra,* an den Stücken *Oedipe-Roi* (König Ödipus) und *Orphée* sowie an *Lettre à Jacques Maritain* (Brief an J. Maritain). Veröffentlicht das Gedicht *L'Ange Heurtebise* (Der Engel Heurtebise).

1926 Premiere von *Orphée.* Es erscheinen *Le Rappel à l'ordre* mit großteils bereits publizierten essayistischen Texten, die Zeichnungen *Maison de santé* und *Lettre à Jacques Maritain,* das seinen Bruch mit dem offiziellen Katholizismus einleitet.

1927 befreundet sich mit dem jungen Schriftsteller Jean Desbordes. Strawinskys Oratorium *Oedipus Rex* wird mit Cocteaus ins Lateinische übersetztem Text uraufgeführt. *Opéra. Œuvres poétiques (1925–1927).* Dezember: schreibt *Le Livre blanc* (Das Weißbuch).

1928 veröffentlicht *Le Mystère laïc* (Das weltliche Geheimnis) und, anonym, *Le Livre blanc.* Im Dezember: erneute Entziehungskur, während der er *Les Enfants terribles* (Kinder der Nacht) und *Opium. Journal d'une désintoxication* (Tagebuch einer Entziehungskur) verfaßt.

1929 verläßt im März die Klinik. Veröffentlichung von *Les Enfants terribles.*

1930 Uraufführung von *La Voix humaine* (Die geliebte Stimme). Dreht den Film *Le Sang d'un poète* (Das Blut eines Dichters). *Opium* wird veröffentlicht.

1931 erkrankt im Sommer in Toulon an Typhus.

1932 erste Vorführung von *Le Sang d'un poète;* schreibt *La Machine infernale* (Die Höllenmaschine). Es erscheint *Essai de critique indirecte* (Versuche), das *Le Mystère laïc* und *Des Beaux Arts considérés comme un assassinat* (Die Schönen Künste als ein Mord betrachtet) enthält.

1933 *Le Fantôme de Marseille.* Im Dezember Entziehungskur. Trennung von Jean Desbordes.

1934 Uraufführung von *La Machine infernale.*

1935 Die Erinnerungsskizzen *Portraits-Souvenir* (Die Farben der Erinnerung) erscheinen in der Zeitung *Le Figaro*.

1936 Weltreise mit seinem Freund Marcel Khill, um Jules Vernes *Reise um die Welt in 80 Tagen* zu verwirklichen; die Reportagen erscheinen in der Zeitung *Paris-Soir*.

1937 lernt Jean Marais kennen, mit dem ihn eine lebenslängliche Freundschaft verbinden wird. Uraufführung von *Les Chevaliers de la Table Ronde* (Die Ritter von der Tafelrunde).

1938 Uraufführung von *Les Parents terribles*, das in Paris kurzzeitig als sittenwidrig von den öffentlichen Bühnen verbannt wird.

1939 schreibt *La Fin du Potomak*.

1940 Uraufführung von *Les Monstres sacrés*. Zieht sich, als die deutschen Truppen in Paris einmarschieren, nach Perpignan zurück. Neuerliche Entziehungskur. Im Herbst Rückkehr in das besetzte Paris.

1941 Uraufführung von *La Machine à écrire* (Die Schreibmaschine). Heftige Angriffe der rechten Presse. Schreibt das Versdrama *Renaud et Armide;* veröffentlicht die Gedichte *Allégories*.

1942 Sein Artikel *Salut à Breker* anläßlich einer Pariser Ausstellung des im Dritten Reich hochgeschätzten Bildhauers Arno Breker ruft einige Empörung hervor. Setzt sich vor Gericht für den angeklagten Schriftsteller Jean Genet ein.

1943 20. Januar. Tod seiner Mutter. Uraufführung von *Renaud et Armide*. Drehbuch zu dem Film *L'Eternel Retour* von Jean Delannoy. Essay *Le Mythe du Greco*.

1944 Sein alter Freund Max Jacob stirbt, von den Nazis deportiert. Jean Desbordes wird der Untergrundtätigkeit bezichtigt und von der Gestapo zu Tode gefoltert.

1945 dreht den Film *La Belle et la Bête* (Die Schöne und das Tier). Schreibt die Dialoge zu dem Film *Les Dames du Bois de Boulogne* von Robert Bresson. Das lange Gedicht *Léone* erscheint.

1946 Uraufführung von *L'Aigle à deux têtes* (Der Doppeladler) und des Balletts *Le Jeune Homme et la Mort;* das Gedicht *La Crucifixion* und *La Belle et la Bête. Journal d'un film* erscheinen.

1947 Roberto Rossellini verfilmt *La Voix humaine,* Cocteau selbst *L'Aigle à deux têtes.* Essayband *La Difficulté d'être* (Die Schwierigkeit, zu sein). Lernt Edouard Dermit kennen, den er später zu seinem Adoptivsohn machen wird. Erwirbt mit Jean Marais ein Haus in Milly-la-Forêt.

1948 verfilmt *Les Parents terribles.* Ende Dezember in New York.

1949 Essay *Lettre aux Américains* (Brief an die Amerikaner). Frühjahr: begleitet eine Theatertruppe auf einer Tournee durch den Nahen Osten, er erzählt diese Reise in *Maalesh.* Dreht im Herbst *Orphée.* Wird zum Ritter der Ehrenlegion ernannt. *Théâtre de poche* (Taschentheater) erscheint. Jean-Pierre Melville verfilmt *Les Enfants terribles.*

1950 Uraufführung des Balletts *Phèdre.* Sein Film *Orphée* erhält in Venedig den internationalen Kritikerpreis.

1951 Präsident der Autoren- und Komponistengewerkschaft. Uraufführung des Stücks *Bacchus. Entretiens autour du cinématographe* (Gespräche über den Film) und *Jean Marais.*

1952 in München erste umfassende Ausstellung des graphischen und malerischen Werks; kurze Aufenthalte in der Bundesrepublik Deutschland. Gedichtband *Le Chiffre sept.*

1953 Uraufführung des Balletts *La Dame à la licorne* in München. Vorsitzender der Jury des internationalen Filmfestivals in Cannes. Erste Reise nach Spanien, das er in den kommenden Jahren mehrmals besuchen wird. *Démarche d'un poète* (Der Lebensweg eines Dichters). Gedichtband *Appogiatures* und Essayband *Journal d'un inconnu* (Tagebuch eines Unbekannten).

1954 10. Juni: Herzinfarkt. Gedichtband *Clair-obscur*.

1955 Aufnahme in die Académie royale de langue et de littérature française de Belgique und in die Académie française.

1956 Dekoration der Kapelle Saint-Pierre in Villefranche. Ehrendoktor der Universität Oxford.

1957 Ehrenmitglied des New Yorker Institute of Arts and Letters. Wandmalereien im Trausaal des Rathauses von Menton. Veröffentlicht die spanischen Impressionen *La Corrida du 1er mai*.

1958 Ausstellung seiner Töpfereien. Reden *Discours sur la poésie* und *Les Armes secrètes de la France*. Gedichtband *Paraprosodies*.

1959 Blutsturz; schreibt, ans Krankenbett gefesselt, an den Gedichten zu *Le Requiem*. Uraufführung des Mimodrams *Le Poète et sa muse*. Dreharbeiten zu seinem letzten Film *Le Testament d'Orphée*.

1960 *Le Testament d'Orphée* läuft in den Kinos an. Wird zum »Prince des poètes«, zum »Dichterfürsten« gewählt. Ausstellung des graphischen und malerischen Werks in Nancy.

1961 Kommandeur der Ehrenlegion. Gedichtband *Cérémonial espagnol du Phénix suivi de La Partie d'échecs*.

1962 Uraufführung von *L'Impromptu du Palais-Royal* in Tokio. Der autobiographische Essay *Le Cordon ombilical* und *Le Requiem* erscheinen.

1963 22. April: Herzanfall. Zieht sich in sein Haus nach Milly zurück; dort stirbt er am 11. Oktober.

Für weitere Informationen zu Leben und Werk sei auf den Band »Erzählende Prosa I« dieser Ausgabe verwiesen.

fi 166 / 4

Luigi Bartolini

Fahrraddiebe

Erzählung.

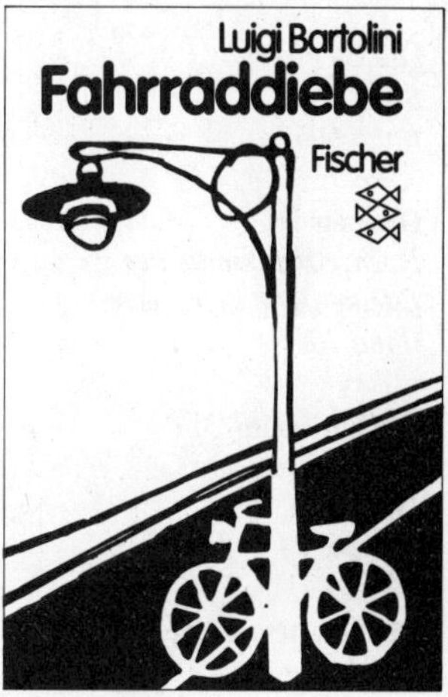

Band 5306

Bartolinis berühmte Romanerzählung »Fahrraddiebe« – denselben auch gewidmet – spielt 1944 in den einschlägigen Gassen des Schwarzmarkts in Rom und handelt von der nahezu aussichtslosen Suche eines Mannes nach seinem gestohlenen Fahrrad. Zwar hat er eine gewisse Erfahrung »was das Wiederbekommen von Rädern angeht«: zwei von den fünfen, die ihm in den letzten drei Jahren geklaut worden sind, hat er zurückbekommen, doch gerät die Suche diesmal unvermutet zum existentiellen Problem.

Bartolinis Roman von den Fahrraddieben, den Vittorio de Sica prominent verfilmt hat, gehört zum klassischen Bestand der italienischen Nachkriegsliteratur.

Fischer Taschenbuch Verlag

fi 296/2

Elias Canetti

Das Augenspiel
Lebensgeschichte
1931–1937
Band 9140

Die Blendung
Roman
Band 696

Dramen
Hochzeit/Komödie der Eitelkeit/Die Befristeten
Band 7027

Die Fackel im Ohr
Lebensgeschichte
1921–1931
Band 5404

Die gerettete Zunge
Geschichte einer Jugend
Band 2083

Das Gewissen der Worte
Essays
Band 5058

Masse und Macht
Band 6544

Der Ohrenzeuge
Fünfzig Charaktere
Band 5420

Band 9140

Die Provinz des Menschen
Aufzeichnungen
1942–1972
Band 1677

Die Stimmen von Marrakesch
Aufzeichnungen nach einer Reise
Band 2103

Hüter der Verwandlung
Beiträge zum Werk von Elias Canetti
Band 6880

Fischer Taschenbuch Verlag

fi 185 / 2